留下來的我們如何修復心碎，活出不被悲劇擊垮的人生

大難之後

Any
Ordinary
Day

Leigh Sales

麗・塞爾斯 — 著　　駱香潔 — 譯

這本書獻給全世界最棒的老爸：
喬瑟夫・雷蒙・戴爾・塞爾斯
（Joseph Raymond Dale Sales，1948-2018）

目錄

前言

直視太陽

人生被徹底顛覆的那一天早晨，通常不怎麼特別。你張開眼睛，起床，吃早餐，換衣服，出門，腦子忙著運作。走出大門，沒有因為任何異狀而惴惴不安。後來再次描述這段經歷時，你會先從這個看似平凡的早晨說起，這種「平凡」在事後反而顯得不可思議。用這麼平凡的方式開始的一天，怎麼會發生如此重大的打擊？

二〇一四年底，有兩個這樣的日子占據了媒體關注。[1]這兩天發生的事件超乎想像，以至於跟事件毫無關聯的我們也感到驚惶失措。一件發生在十一月二十五日下午，春光明媚，年輕的板球球員菲利浦．休斯（Phillip Hughes）在比賽中被板球擊中而身亡。另一件發生在十二月十五日的早茶時間，一名槍手闖入一家位於雪梨的咖啡館，挾持了十八名人質，有兩名人質在這場事件中喪命：凱翠娜・道森（Katrina Dawson）與托里・強森（Tori Johnson）。

從小就打板球的休斯一如往常，在上場前穿戴了護具。道森是個律師，她只是下樓買杯熱巧克力。強森像平常一樣忙著咖啡館的工作。改變人生軌道，離開這條高速公路的最後一個路標在哪裡？宇宙彷彿故意欺騙他們，沒有警告他們今天應該待在家裡。如果宇宙（或是命運、運氣、上帝、機緣巧合，任何類似的名稱）沒有特別優待他們，或許也不會特別優待你我。

我們在做某些選擇的時候，心裡很清楚它們將會改變人生方向：結婚、生子、換工作，並期待這些決定帶來怎樣的結果。那場板球意外和林德咖啡館（Lindt Cafe）的挾持事件之所以令我們感到不安，是因為他們在災難發生前做的選擇都很微不足道，幾乎不值得多慮。哪個家庭會想到送兒子去打板球而不是踢足球的決定

1 這裡有幾個想法我已在報上發表過：Sales, L., “Ordinary Days That Go Disastrously Wrong Rattle Our Sense of Security”, *The Australian*, 27 December 2014. https://www.theaustralian.com.au/commentary/opinion/ordinary-days-that-go-disastrously-wrong-rattle-our-sense-of-security/news-story/ea44aa7a1b19d49af5189989d47f3b71

將影響兒子的性命？如果跟朋友喝杯熱飲都成了攸關生死的決定，誰還能正常生活？我們每一天都毫不猶豫地做出類似的選擇，不知道這些選擇會帶來怎樣的結果，但這種無知反而是一種幸福。

由無關緊要的決定凝聚而成的神祕力量，將在未來的某個瞬間互相碰撞，我們無力阻止。有些神祕力量已在軌跡上航行多年，有些則是幾分鐘前才出發。它們對富人和窮人、強者與弱者一視同仁，毫無歧視。從理智上理解這一點很簡單，但若是用尖銳的現實角度切入，會讓人打從心裡感到不舒服。二〇一四年底的這兩個新聞事件突顯出「活著」的真義，一個既美好又恐怖的事實：我們永遠無法預測未來。

當了二十五年記者，每天旁觀這種無差別的天災人禍，對我來說是工作的一部分。從一九九一年二月，我在昆士蘭科技大學（Queensland University of Technology）聽的第一堂新聞寫作課開始，我就知道自己已找到適合的職業。跟新聞工作有關的一切，我都喜歡：與人交談、寫報導、思考頭條、編輯內容、在有期限的壓力下研究各種主題。每次跟法律系、會計系的朋友一起坐在自助餐廳裡吃午飯，我都會在心裡偷偷感到得意，因為跟我比起來，他們上的課聽起來都很無聊。

現在對新聞的感覺依然沒有變，我努力提醒自己不要忘記，能做自己這麼喜歡的工作真的很幸運。

我當菜鳥記者的時候，水災、旱災、法庭案件、抗議遊行、警方突襲、兇殺案的審判、環境問題、遊民的愛心午餐、布里斯本農業嘉年華（Royal Brisbane Show）、衝浪意外、體育醜聞、政客垮台等各種新聞都跑過。很快地我就發現一件事，我不喜歡追逐救護車或天災人禍、面對悲劇和痛苦。一九九四年我在九號頻道（Channel Nine）服務，有一次我輪值擔任夜班採訪主任，聽到警方的無線電說，有兩名消防員在黃金海岸的民宅救火時罹難。攝影師把現場畫面傳給在新聞編輯室值班的我，他拍到消防員的遺體從房子裡送出來的影片，我的工作就是幫明早被指派寫這則新聞的記者一一列出關鍵畫面。當下我十分確定，這已是我接觸死亡的極限。漸漸地，我盡量爭取採訪政治新聞，因為處理政治上的悲劇比處理真正的悲劇更自在。

記者生涯的頭十年左右，我採訪過各種新聞。神奇的是，我幾乎不曾親身接觸真實的恐怖。我沒去過死者或傷者還沒從車內移出的車禍現場，這是許多年輕記者跟警察必定會經歷過的事。我從未被派去戰區。我極度欽佩報導這些題材的同事，因為我知道自己不但欠缺勇氣，個性也不適合。

二〇〇一年底，九一一事件剛過沒多久，我擔任澳洲廣播公司（Australian Broadcasting Corporation，簡稱ABC）的北美特派員。雖然未徹底避開災難新聞（我曾被派去紐奧良報導災情慘重的卡崔娜颶風），但我報導的主要還是與伊拉克和阿富汗戰事有關的政治議題，還有澳洲人大衛・希克斯（David Hicks）被囚禁在美軍關塔那摩灣拘押中心（Guantanamo Bay detention center）的新聞。我採訪在戰爭中去世的人們的家屬，也曾多次造訪關塔那摩。對我來說，這些採訪工作並不痛苦。因為我跟這些採訪對象不一樣，幾天後就能回到原本的正常人生。

過去十年我擔任新聞主播，大多待在攝影棚裡工作。我主持的節目叫《7.30》，這是ABC的夜間帶狀時事節目，也是電視台的招牌，是我引以為傲的節目，我深深敬佩每一位同事。身為主持人，我訪問的對象有些意氣風發，有些陷入谷底。雖然坐在有空調的攝影棚裡既舒服又安全，但是每晚被不幸的消息包圍依然是件痛苦的事，每星期至少有兩個晚上播報的新聞令我鼻酸。

以二〇一六年三月為例，《7.30》報導了天主教神父性侵兒童、煤礦工人因為黑肺症（black lung）而慘死、熱帶氣旋肆虐斐濟、安養院的照護員虐待老人、保險公司拒絕賠償急需幫助的保戶，儘管他們準時繳交保費、舞蹈老師性侵兒童、知名游泳選手罹患黑色素瘤（melanoma）、五百名煉油廠員工突然失業、土耳其自殺炸彈客、被泰國軍團綁架的學生、一名女子的臉被伴侶持鎚砸得稀爛、布魯塞爾機場恐攻、一位電視明星罹患多發性硬化症。[2] 當然也有其他更開心的新聞，但悲劇似乎總是留下更強烈的印象。

碰到恐怖攻擊、死傷慘重的意外或其他重大新聞事件，《7.30》的收視率一定會比平常高。天災人禍顯然能讓收視率飆升，大眾對發生在別人身上的慘劇，似乎難以抗拒地感興趣。但是回到自己身上，我們會盡最大努力閃躲命運的毒鏢。我們吃綠葉蔬菜，擦防曬油，繫安全帶，遵守速限，戒菸，每天散步半小時，在遊樂場的攀爬架跟鞦韆底下鋪設泡棉墊，禁止學校提供花生醬三明治，喝咖啡不過量，減少飽和脂肪的攝取量，騎單車戴安全帽，每次搭飛機都接受偵測、搜身、掃描和X光檢查，在淋浴間的地上放防滑毯，每天限制自己只喝一杯紅酒，定期讓醫師擦刮、探查、擠壓我們的私密處。我們似乎希望透過其他人的悲慘遭遇，在保命清單上增

2 《7.30》二〇一六年三月新聞檔案：http://www.abc.net.au/7.30/archives/2016/730_201603.htm

加一些預防措施，以避免步上他們的後塵。

理智上我知道新聞不是反映人生的鏡子，新聞是精挑細選的結果。（我的一位新聞學教授曾說，一百架直升機裡可能有九十九架飛得很安全，會上新聞的只有出意外的那一架。）儘管如此，每天花好幾個小時報導悲慘事件依然令我懼怕。二〇一四年十二月，只要想到那陣子生活丕變、陷入新聞事件的那些人，我總是輾轉難眠。我忍不住思考那些隨著事件油然而生的疑問：為什麼發生在他們身上？為什麼不是我或我愛的人？什麼時候會輪到我？

我無法壓抑這種恐懼，怕總有一天會輪到自己，命運輪盤上的那顆球會落在我的號碼上。

❖ ❖ ❖

二〇一四年初，我的人生發生了令我懼怕好運已盡的巨大影響事件。那一年二月，我懷孕八個月。有天晚上因為側腹突然開始劇痛而醒來，我知道肯定有問題。我已經生過一個孩子，所以知道這不是分娩的陣痛。

我前往雪梨的皇家阿爾弗雷德王子醫院（Royal Prince Alfred Hospital），醫生為我安排了各種檢查。寶寶的心跳跟我的生命跡象都很正常，但保險起見，醫生還是讓我住院觀察，因為也可能是闌尾炎（appendicitis）。過了一會兒，有兩位超音波技術師來幫我檢查。看了螢幕之後他們神情有異，我知道一定是哪裡出了問題。「能看出是什麼問題嗎？」我問道。當時我的疼痛程度是十級量表上的第三級。

「我們看不到你的器官，」其中一位檢驗師說，「有一塊陰影擋住了視線。」

儘管我的醫學知識有限，但我猜測那塊陰影必定是血。

我的婦產科醫生迅速抵達，他說：我們還不確定是什麼問題，但必須立刻讓你進手術室剖腹生產，確認問題是什麼之後，再請專科醫生來處理。他向我道歉，因為無法像平常那樣，在恥骨附近用小切口剖腹。必須直向切開我的腹部才能毫無阻礙地看見腹部內所有臟器，而也會留下較大的疤痕。

他去準備手術後的短短幾分鐘內，劇烈疼痛席捲而來。疼痛程度突然從三躍進到十，我的肋骨彷彿快要一根根裂開。我試著停止呼吸，因為連最微小的動作也會引發劇痛。我的肚子上還綁著胎心監測器，這時我聽到助產士說：「寶寶沒心跳了。」她用力按下牆上的一個按鈕。

我非常希望自己可以直接暈過去，部分是為了逃避疼痛，部分是因為我實在害怕得不得了。我對當下的情況一無所知。助產士按下緊急按鈕之後，周圍似乎陷入一片混亂，但對醫護人員來說並非如此。那之後發生的事，我只剩下片段記憶：勤務員把我搬上病床的巨大疼痛；病床在走廊上移動時，不知道哪個好心人把手伸進薄被裡握緊我的手；我雙眼緊閉，但能感受到天花板上的燈有節奏地一一閃過；我拜託麻醉醫師快點把我麻暈，就算會因此死去也無所謂。她好像說要我再撐一下，只剩不到十秒鐘。

我記得的最後一件事，是婦產科醫生穿著手術服走進手術室，另一個人用筆在我肚子上畫了一條線，標註下刀的位置。一切都發生得很快，我甚至擔心他們會在我失去意識之前就動刀。

我醒來之後沒有看到寶寶。我躺在一個燈光昏暗的房間裡，後來才知道這裡是重症病房。感覺到一個鼻孔插著管子，很不舒服。他們說，這根管子經由咽喉伸進胃裡抽出液體。我的肚子上貼著紗布，有根管子從紗布裡穿出來，把棕色液體引入袋子裡，還有另一根接著尿袋的導尿管。我的鼻孔裡有氧氣鼻管，兩隻手上都有軟針，軟針接著靜脈注射的管子，床的兩側都有。我的腿上套著非常緊的白色褲襪。

我的左手套著一個塑膠裝置，上面有顆按鈕。我很快地發現只要連續按那顆按鈕數次，我就會昏過去。

我再度昏睡。第二次醒來時，我的婦產科醫生也在床邊。

「我的寶寶呢？」我問。

「他在新生兒加護病房，」醫生說，「因為他曾經缺氧一陣子。」他告訴我，我的症狀叫「子宮破裂」。

這件事過了很久之後，我還是不願意上網查詢這幾個字。後來查到的資訊是：「孕期子宮破裂非常罕見，胎兒與母親都極有可能面臨嚴重的併發症……採取治療行動的時間很短，因此醫生都很害怕碰到孕期子宮破裂的情況。」[3]

我的婦產科醫生告訴我，他剖開我的肚子時看到一片血海。我的子宮左上方有一個板球大小的裂口。由於難產，他不知道寶寶的大腦是否受到損害，也暫時無法確定。

護士會用十級制的阿普伽新生兒評分（Apgar score）衡量新生兒的生命跡象。

3 https://reference.medscape.com/article/275854-overview

這項測驗剛出生時做一次，五分鐘後再做一次。我兩年前自然產生第一胎，寶寶第一次測驗是九分，第二次是十分。這一胎剛出生的測驗是兩分，五分鐘後是三分。

我大量失血，手術中輸了三次血。得知寶寶住在新生兒加護病房，而且可能腦部受損，我震驚得不知所措。術後兩天才崩潰大哭，護士很同情我，把我連人帶床、導管、尿袋、和點滴一起推去新生兒加護病房，我的寶寶身上接著一大堆儀器。我們的第一張母子合照令人鼻酸，寶寶的身影幾乎被醫療器材完全遮住，我看起來一點也不像我自己。我們兩個身上都接著許多儀器，所以我沒辦法抱著他，只能躺在他旁邊的床上。

那天晚上，我做了一個噩夢。我夢到自己即將臨盆，卻在一棟大房子裡瘋狂走來走去，尋找可以生產的房間。所有的房間都上了鎖，但沒人願意幫我。還有另一個孕婦也即將臨盆，她有淡金色的頭髮跟小小的孕肚，是標準的「性感媽咪」。她看起來氣定神閒。我不斷向旁人求助，也向她求助，但是我連話都說不清楚，沒人聽得懂我在說什麼。

躺在病房裡的我，最後被自己的聲音吵醒。我滿臉淚水大聲哭喊著：「媽咪，媽咪，媽咪！」

這大概是整個過程中最具毀滅性的一刻，甚至比之前的疼痛與恐懼更可怕。我脆弱到如此悲慘、像幼兒般的狀態，甚至懇求母親來拯救我。我從來不曾叫母親「媽咪」！我手術那天她有打電話給我，問我是否需要她從昆士蘭過來照顧我。我斷然拒絕了，因為不想給她帶來麻煩。

雖然理智無法解釋，但潛意識知道我已徹底失去安全感，也在某種程度上失去了自我意識。一向被視為幹練、獨立的我，非但失去照顧自己的能力，也失去照顧孩子的能力。這個噩夢重重打擊了我，因為它使我覺得沒能成為心目中的那個自給自足，掌控人生的自己。儘管知道這個想法並不理性，但我確實覺得既羞愧又軟弱，這種感覺很嚇人。

經過幾個月的休養我慢慢恢復健康，寶寶也沒事了，但是這個經驗給我一種跌進湍急河流的感覺。我害怕自己游不到對岸，努力游回原處，但水流實在太強勁。有時候我會失去控制，被水流沖走。最後我終於吃力地爬上對岸，累倒在地上。我看得見自己落水的地方，卻再也回不去。走過掙扎求生的這段路之後，我的人生觀改變了。我眼中的世界不再像過去那樣安全，死亡和災禍隨時可能找上門，不再是暫時無須擔心的、離我很遙遠的事。

每晚播報新聞時腦海中浮現的問題，因為這次經驗變得更加避無可避：我們如何接受意外可能隨時發生的這個事實？當難以想像的事情真的發生了，接下來該怎麼辦？你如何繼續活下去？有些人無意間成為大眾都想了解的事件主角，做為一個群體，我們是否有責任幫助他們？當我們真的明白自己不是特例，每個人都是一樣脆弱的平凡人，我們應該用怎樣的方式過日子？

人的一生都會經歷悲傷和痛苦，這是人生的必經之路。想到一定會逝去的生命，我總是很害怕父母過世，緩慢的衰老。但是跟這些念頭相比，瞬間顛覆人生的驟變更加令我恐懼。當了這麼多年記者，我一直避免直接面對這些事。但二〇一四年初的親身經歷，加上年底播報過的新聞事件，都使我明白逃避毫無意義。逃避面對這些事，等於逃避生命本身。

寫這本書是因為我想知道，如果不再轉身逃避，勇敢走向最大的恐懼，會發生什麼事？如果有人經歷過我最不希望自己或家人碰到的事，我能從他們身上領悟到什麼？人類大腦如何處理這些事件，是否有最新的科學研究能夠解釋？小說家艾瑞絲・梅鐸（Iris Murdoch）曾寫道，關注是一種道德行為（Paying attention is a moral act.）。[4]我認為，密切關注這些人生悲劇猶如直視太陽。雖然很害怕，但我想知道如果不移開視線的話會怎麼樣。

---

4 Murdoch, I., *The Sovereignty of Good*, Routledge & Kegan Paul, 1970, London.

第一章

也可能發生在我身上

看到可怕的新聞事件時，相信不只有我心中會冒出「也可能發生在我身上」的念頭。可是，你我有多大的機率會捲入登上新聞頭條、永遠改變人生的事件？

有天早上我一邊思考這個問題，一邊走進雪梨的林德咖啡館買卡布奇諾。這裡的咖啡上灑的不是巧克力粉，而是瑞士巧克力屑，非常美味。我的座位後面是大大的窗戶，窗外是馬丁廣場購物中心（Martin Place）的戶外廣場。店內的另一面牆邊擺放著玻璃櫃，裡面有數千顆包裝閃亮的巧克力與綁著緞帶的禮盒。收銀台底下的展示櫃裡，色彩繽紛的馬卡龍一字排開。咖啡機發出的嘶嘶聲響裡，偶爾傳來櫃台鈴的一聲「叮」，提醒顧客取餐。

顧客跟店內販售的甜點一樣形形色色，年輕人、老人、孱弱的人、專業人士、觀光客、飽經風霜的人、孤獨的人、歡樂的人。有個三十幾歲的商業人士坐在另一張桌旁，拿著手帕仔仔細細地擦拭眼鏡。年輕人做這麼老派的動作很有魅力，也有一點違和感。

相較於林德咖啡館的色彩繽紛，幾條街外的法庭是一貫的棕色，從淺棕到深棕都有。我坐在這裡啜飲咖啡的那個早上，跟店內其他顧客一樣形形色色的十八位證人正處於截然不同的情境。他們一一走上證人台，接受死因裁判審訊（coronial inquest）。兩年前一個和今天差不多的日子，他們正好就在林德咖啡館裡。遺憾的是，原本看似尋常的那一天，卻以不尋常的方式告終。十八位證人之中除了咖啡館的員工，有與朋友小聚的顧客，也有人是工作到一半去咖啡館休憩片刻。

自從一名宣稱背包裡有炸彈的持槍歹徒挾持他們，成為人質的那一刻起，這群陌生人建立了永遠密不可分的關係。[1] 曼・哈龍・莫尼思（Man Haron Monis）有長

1 林德咖啡館挾持事件的詳細始末，可參考死因裁判審訊的報告：http://www.lindtinquest.justice.nsw.gov.au/Documents/findings-and-recommendations.pdf

期的暴力行為紀錄，也跟伊斯蘭國運動關係密切。他挾持咖啡館裡的人質長達十六小時，對準咖啡館的攝影鏡頭直播了整個過程。雖然挾持期間有人質陸續從不同的出口逃離，但到了凌晨兩點十四分，現場仍有五名人質。這時莫尼思處決了其中一名人質，他叫托里．強森，是咖啡館的經理。警方聽見槍響立刻破門而入，現場一片槍林彈雨。顧客凱翠娜．道森被流彈打死，剩餘的三名人質也都受了傷。那天在林德咖啡館裡的每一個人，包括先前逃脫的人質，心中都留下永難抹滅的創傷。

我坐在曾經發生挾持事件的現場陷入深思。為什麼身旁的這些人可以在愉快享用早茶之後各自奔忙，但那些人卻沒有這個機會？咖啡館是低危險、大家都熟悉的地方。正因為如此，儘管案發當時不在現場，林德咖啡館事件還是令許多澳洲人感到慌亂不安。這是重大災難發生時常見的反應，災難發生的地點愈平凡，我們的集體安全感愈被破壞得更嚴重。這樣的悲劇距離我們太近，令人坐立難安。

但若只看事實，不要考慮情緒，一個可怕的隨機事件發生在我們身上的機率有多高？還有，最害怕碰到的事，真的是我們最該害怕的事嗎？

❖ ❖ ❖

二〇〇二年九月，路意莎・荷普（Louisa Hope）確診罹患多發性硬化症。[2] 二〇一四年十二月的那一天，彷彿這樣的人生重創還不夠慘，路意莎成了林德咖啡館的人質之一。以澳洲人來說，要倒楣到兩件事發生在同一個人身上的機率是十三・九億分之一。[3]

「你居然算出這個機率，真是太好了！」路意莎興奮地說，當時我們正在我家一起享用甜菜根沙拉午餐。「我老說我想找個精算師幫我算一下。」

路意莎五十四歲，個性活潑、體態豐盈，栗子色的波浪卷髮，陶瓷娃娃般的臉龐：奶油色肌膚、棕色眼睛、飽滿紅唇。她帶了很多小禮物來我家，包括裹了巧克力的櫻桃、茶葉和一個彩色的馬克杯。這個舉動真的很貼心，畢竟她已經大方地允許我刺探她人生中最艱難的某些時刻。

路意莎非常有資格怨天尤人。若是我罹患多發性硬化症，當然理直氣壯地認為

2 私人訪談。二〇一七年一月，路意莎・荷普於雪梨接受作者訪談。

3 計算這兩件事同時發生在同一個澳洲人身上的機率算式如下：（兩千四百萬／十八）乘以（兩千四百萬／兩萬三千）＝十三・九億分之一。計算基礎是林德咖啡館有十八位人質，案發當時的澳洲人口約為兩千四百萬，以及澳洲多發性硬化症的患者人數約為兩萬三千人，最新的參考資料來自http://www.msra.org.au/living-ms

餘生不該再遭逢任何不幸，更別說碰到恐攻事件。如果我是她，我的怒火肯定熊熊燃燒。希望路意莎能夠幫助我了解，一個人如何接受命運的如此捉弄。

路意莎因為背痛去看醫生，結果發現是多發性硬化症。確診之前曾經跌倒過幾次，但她認為這只是運氣不好和高跟鞋的錯。她去找整脊師處理疼痛，整脊師建議她快去看神經科，他懷疑問題不只是笨手笨腳這麼簡單。做了磁振造影檢查之後，神經科醫師很快地告知她那個可怕的消息：路意莎常常跌倒的原因是多發性硬化症，這是一種影響大腦跟脊椎的中樞神經系統疾病，目前無法醫治。

「當時你知道多發性硬化症這種病嗎？」我問她。「不知道。但小時候我家隔壁有一個坐輪椅的年輕阿姨，我對她的生活方式依然記憶深刻，她是重殘人士。她會叫我們幫她跑腿買菸，買回來之後再幫她點菸。點菸很刺激，我們小孩子都很喜歡。」路意莎說。確診之後，母親告訴她：「你知道嗎，諾琳（Noelene）就是多發性硬化症患者。」

路意莎說：「我的反應是：『不會吧？』我記得她後來搬走了，住進專門照顧多發性硬化症患者的機構，直到過世。我心想好吧，看來我這輩子是逃不過坐輪椅了。」

確診十四年後的今日，路意莎依然能夠拄著拐杖緩慢行走。或許她還能維持自主行動很多年，但情況也可能隨時急轉直下。多發性硬化症是一種難以掌握的暗疾，每一個病患的病程都不一樣。有時候它來得很兇猛，但有時候惡化的速度很緩慢；患者可能會反覆進出緩解期很多年。

路意莎確診患病的同一個月，還遭受另外兩個打擊。第一個打擊是她年滿四十歲，第二個是丈夫提出離婚。

「小時候不會想到自己的未來竟如此悲慘，但世事難料！」她笑著說。

「慘事接連發生，你有沒有想過『為什麼偏偏是我，真不公平』？」我問她，「你如何理解這一切？」

路意莎沉思了幾分鐘。「這一切當然令人震驚，也改變了我的人生。就好像站在海岸邊，眼睜睜看著海浪把你的生命捲走。不過我相信上帝，我必須仰賴我的個人信仰。我必須相信神對我的生命有最好的安排。若非如此，我肯定會一蹶不振。」

路意莎的答案使我心頭一沉。我十幾二十歲的時候嘗試過了解宗教，但最終還是無法接受宗教的教條。別人不相信我所相信的事就會下地獄的這種觀念，似乎不太理性。我看過太多所謂的基督徒說一套、做一套。因為相信是神的安排，就能心平氣和地接受多發性硬化症與恐怖攻擊？真的有人能做到這一點嗎？我心中充滿懷疑。不可能這麼簡單。

我對冒出這些念頭的自己，感到非常的生氣。我以為自己是誰啊？有什麼資格批判像路意莎這樣的人？我太自大了。當別人出於信任向我坦言心中的想法，如果我的反應是立刻懷疑他們，就永遠學不到有用的事。希望我內心的懷疑沒有顯現在臉上，我真心想要了解路意莎如何應付人生困境，而深入探究她的信仰是唯一的方法。

「你難道不曾想過：『上帝啊，祢為什麼要這樣對我？』」我問得很直接，希望她不會覺得受傷。

「對，我從沒問過『上帝，為什麼？』或『為什麼是我？』」路意莎語氣堅定。「在這一切發生之前，我當過櫃台的接待人員，看過拄拐杖的人走進來。有些人你一看就知道，他們不應該這麼老態龍鍾。你察覺得到，他們覺得自己很慘，自怨自艾。我很好奇他們經歷了怎樣的事才變成這樣，而且覺得這種事絕對不會發生在我身上。但另一方面，我也認為『你憑什麼覺得這種事不會發生在你身上？為什麼壞事不會找上你？』想到這裡，就覺得『說得也是。』所以當我確診多發性硬化症的時候，我沒有懷疑『為什麼是我？』」

「你本來就知道你跟任何人一樣脆弱？」我問。

「對啊。」她說。

我仍未完全相信路意莎的信仰能讓她平靜地接受多發性硬化症。但隨著交談愈來愈深入，我發現對宗教的不屑一顧使我做出錯誤的結論。路意莎當然沒有平靜地接受自己的病，尤其是一開始的時候。她的信仰沒有給她刀槍不入的金鐘罩，把恐懼和憤怒擋在外面。

「我很害怕。那段時間很黑暗，我必須接受這個新的現實。最重要的是，我真的不想陷入自怨自艾、憤慨和瘋狂的情緒裡，我盡量避免那些情緒。所以起初我一天只允許自己用一小時的時間，去想多發性硬化症、離婚和人生崩解時會讓你鑽牛角尖的那些事情。一開始，我每天都很期待那一個小時，可以在腦海中崩潰大哭、暴怒跟失控。我禱告、冥想，隨著一天天、一個月一個月過去，我漸漸期待那一小時快點結束。後來我自怨自艾的時間愈來愈短，再後來就完全不需要這麼做了。」

「你擔心獨居嗎？你有沒有想過萬一病情加劇，誰來照顧你？」

「不擔心，」她說，「這件事我從沒擔心過。我知道一定會有人照顧我。我的好朋友、教友跟家人都很疼愛、關懷我，他們會永遠陪在我身邊。」

路意莎的母親蘿賓（Robin）七十二歲，那天早上也在林德咖啡館。她們一起進城赴約，地點就在咖啡館的那棟建物裡。母女倆提早抵達，所以決定先喝杯咖啡。[4]路意莎在櫃檯結帳時，看見幾位顧客因為咖啡館的大門打不開而慌亂，櫃台後的女店員似乎不知所措。

「我走回座位跟我媽說：『門卡住了，我最好去問問看是什麼情況。』雖然我們不趕時間，但這是一件值得注意的事。這時候，**那個人**站起來了。」路意莎說。

那個人是曼．哈龍．莫尼思。路意莎之前就注意過他，他的座位離她們母女很近。莫尼思走到咖啡館前方。

「他站起來，然後對著大家說：『很好。』我不記得他確切說了什麼，但大概是『你們都是我的人質』之類的。他拿出槍，用冷靜溫和的語氣說他的背包裡有兩枚炸彈，而且雪梨還有其他地方也放了炸彈，然後他開始指揮大家。那一刻我才發現這一切是真的。」路意莎說。

他命令部分人質把伊斯蘭旗幟放在窗上，部分人質打電話給知名媒體。接下來的十六個小時內，莫尼思的態度時而友善（例如准許路意莎吃藥），時而凶狠。

「當一開始的震驚平復，時間也過去後，」我說，「你有沒有想過『拜託，上帝，放過我吧。我已經得了多發性硬化症，現在還淪為恐怖份子的人質？』」

「沒有。我當時想的是『喔，上帝，放過我吧，我媽也在這裡耶。』我必須照顧她。當然我很願意照顧她，」路意莎說，「但是我知道眼前的情況很棘手。他（莫尼思）是那種典型的男人，會邊揍老婆邊說『我愛你』。他需要女性的服從，蘿賓很愛頂嘴，實在讓人擔心。」

出乎意料的是，人質在挾持期間大致保持平靜。沒人想做觸怒莫尼思或可能讓情況惡化的事，但這並不代表現場的氣氛不可怕。那天早上挾持事件剛發生時，有幾名人質成功逃脫。路意莎離大門也很近，有一瞬間，她覺得自己也能逃出去。行動不便的她正要邁步走向出口，但想到母親還是停下腳步。路意莎知道如果丟下母親，她無法心安理得。停下腳步時，她以為莫尼思可能會從背後射殺她，所以趕緊

4 挾持事件發生前與發生當下的描述，來自作者與路意莎的訪談，以及路意莎提供給警方的五點聲明。這五點聲明也成為審訊的證言，包括：二〇一四年十二月十六日，新南威爾斯警方對路意莎・荷普的採證筆錄；二〇一四年十二月二十三日，路意莎提供給新南威爾斯警方的錄音聲明；二〇一五年一月十七日，路意莎提供給新南威爾斯警方的附加聲明；二〇一五年一月二十七日，路意莎提供給新南威爾斯警方的附加聲明二；二〇一五年五月十二日，路意莎提供給新南威爾斯警方的錄音聲明二。

趴在地上，她相信死亡迫在眉睫。

「我心想，好吧，看看現在的情況：喔糟了，你逃不出去。理智上，我一直都知道人類有靈魂、頭腦跟情緒。但直到被挾持，我才終於打從心裡明白這件事。腦海中有個聲音叫我不要害怕。我沒有恐懼，心裡很平靜，只有平靜。」她說：「我的心中確實有掙扎。我一方面不想被這個渾蛋殺死，但在情緒上我已向靈魂臣服。」（路意莎指的是因為她的宗教信仰以及適應多發性硬化症的緣故）「所以我可以坦然面對死亡。如果這是必然的發展，那就這樣吧。」

但莫尼思把她拉起來。她永遠不會知道他為什麼決定留她一命。不久後他處決了托里．強森，導致警方攻堅。警方衝進來時，莫尼思要路意莎跟蘿賓一人一邊站在他身側，可能是想讓她們當人肉盾牌。在震耳欲聾的槍聲包圍下，路意莎再次臥倒，也再次認為自己必死無疑。

「警察從大門衝進來。我跟莫尼思之間大約相距三十公分。若你身在現場，子彈飛來飛去……情況很混亂。莫尼思死了，凱翠娜也死了。為什麼我沒死？這問題值得深思。」路意莎說。

「你的信仰使你相信事出必有因？你相信是神選擇讓你活下來？」

「我沒有這種感覺。『神選了我』絕對是愚蠢的錯覺，『我對神來說很特別』是一個危險的想法。超多人跟我說過『你能活下來，一定是有原因的』，或是諸如此類的話。或許吧。」聽起來，路意莎自己也還沒想通。

在終結挾持事件的那場槍戰中，路意莎被許多碎片割傷，碎片卡在左腳裡的傷特別嚴重。救護車趕緊把她送去醫院，她住院三個月，動了三次手術。我們吃完午餐之後，路意莎脫掉涼鞋、拉下壓力繃帶，她腳上有一個很大的傷疤，幾乎覆蓋整個足弓。

「這隻腳是受到多發性硬化症影響的垂足（drop foot），」她說，「我的左腳本來就比較不中用。我連受傷都傷到比較不中用的那隻腳，真的很幸運，對吧？」

「只是碎片就能傷成這樣？」這傷疤大得令我震驚。

「只是碎片。我身上也有傷。我有兩個傷疤，一個看起來像被法國修女輕輕割傷，另一個像被德國屠夫用力刺傷。有一塊碎片醫生無法取出，她來找我的時候說『真的很抱歉』。她強烈表達自己有多失望，所以我故作輕鬆地說：『真是太可惜了，醫生，你幫我手術時怎麼沒有順便抽脂！』她反唇相譏：『路意莎，你的脂肪救了你一命。』我想，有時候你不喜歡自己或別人的某個原因，說不定將來會以某種形式拯救你。因為有多發性硬化症這種病帶來的各種身體創傷，我才能住院三個月還那麼泰然自若。我知道如何靜靜坐著、慢慢康復，不會在等待身體修復過程中急得發狂。」

「你有沒有希望過上帝不要給你那麼多……」我沒把話說完，因為我想用的詞是「痛苦」。即使路意莎正承受著巨大的痛苦是顯而易見的，但是直接了當地說出來還是十分不妥。

路意莎並不顧忌，她坦然直面這個問題。

「有啊，我常想：『神哪，我能快點學會這一課嗎？』但是當隨機的壞事發生時，你只能接受，問自己：『這一課是什麼？我能從這件事裡學到什麼成長的領悟？』」

路意莎能夠正向思考，是因為她相信上帝為她安排了計畫。這種正面態度令人欽佩，但我依然很難想像她是如何辦到的。

「如果罹患多發性硬化症的目的，是學會如何應付當人質時所受的傷，我實在不敢想像林德咖啡館事件的目的是什麼，」我問她，「你如何看待『隨機性』這件事？我知道你相信上帝，但未來無法預知。」

「一點也沒錯。我們以為自己能掌握未來，但這是個迷思。『必然性』是一種想像，只是我們集體相信的一個漫天大謊。我們如此深信西方文化：能推動這件事，影響那件事，做到這件事，完成那件事，我們能創造安全的世界。結果突然冒出一個邪惡的恐怖份子，把這世界炸爛。這是一種集體錯覺。」路意莎停頓了一下又說，「我不太能直率講出這件事，因為多數人無法承受我這麼說，但是能時時被提醒生命的無常、我們無法掌控生命，其實是一種恩賜。那種確定感被剝奪，是一種恩賜。你會覺得：既然如此，好吧。」

「最好活得更充實？」我問。

「沒錯，你會變得更謙卑。雖然我沒打算去死，但要是明天你聽說我死得古怪離奇，也無須驚訝。」她說。

我發現路意莎用一種獨特的方式結合不同的信念。她一方面相信上帝掌控了她的生命，卻也清楚地知道生命脆弱、世事難料，彷彿上帝根本不存在，一切都是隨機發生。但可以確定的是，無論她相信什麼，信念都賦予她超強韌性，幫助她度過一次又一次的逆境。

還有值得欣慰的是，跟我共進午餐至今，路意莎並沒有古怪離奇的去世。她活得忙碌而充實，我們偶爾會透過電郵寒暄。在與她對談之後，我開始深思人類面對生命打擊的方式，特別是她提出，我們對於趨吉避凶的掌控力或神奇力量，其實只是一種想像。路意莎的邏輯無可辯駁，我知道她說得完全正確。但我並不會因為這樣就不害怕，也無法欣然接受這個事實。

❖ ❖ ❖

身為記者，追查事實真相時我仰賴一套特定的技巧，我擅長追蹤。我懂得如何透過一連串的問題，讓對方敞開心扉。我是個好聽眾，聽得懂對方真正的意思。我能找出字裡行間的關聯，拼湊出有趣的小故事。這些技巧都很有用，但是早在跟路意莎碰面之前，我早已知道光靠原本的技巧，依然不夠了解突然身陷新聞事件的機率以及大眾會有何反應。我必須像個專家一樣深入研究，但這件事我並不擅長。

我並非任何領域的學者或專家，所以連從何下手都不知道。我打電話給朋友凱西（Cathy），她是學術研究圖書館員（research librarian），對世界各地的資料庫與藏書瞭若指掌。她的名片上應該標註：**你查找不到的東西，問我就對了**。

「我想聘僱你利用下班時間幫我找資料，大概需要幾個月的時間。你可以嗎？」

我問她。

她同意了。主題是最廣泛、最含糊不清的信仰，因為實在太不精確，所以我有點不好意思。不過，她似乎躍躍欲試。有天早上她來到我家，幫我的筆電安裝一個叫做「Mendeley」的程式，這是一套管理學術論文的系統。她以迅雷不及掩耳的速度用標籤幫期刊文章製作索引，標籤的名稱包括「創傷」、「悲痛」、「適應」、「責怪」、「記憶」、「存活」等等。

凱西為我找到的文章果然很難，牽涉到很多數學，尤其是機率跟統計。我從綜觀大局的文章開始：歷史、心理學和大腦的運作原理。我漸漸明白一件事，對未知的未來感到不安以及尋找消除這種不確定性的方法，幾乎涵蓋每一個學術領域，包括數學、生物學和經濟學等等。

自歷史有紀錄以來，人類一直都對命運和機會的交集充滿興趣，也想出各種方法檢驗和馴服命運。[5] 不喜歡覺得自己很脆弱，所以我們會設法尋找安心的感覺。

5 理解機緣、命運與或然率的過程中，有幾本書跟幾篇文章特別值得參考：Belkin, L., "The Odds of That", *New York Times Magazine*, 二〇〇二年八月十一日，紐約出版，取自：https://www.nytimes.com/2002/08/11/magazine/11COINCIDENCE.html?pagewanted=all; 彼得・伯恩斯坦

看星座運勢，向諸神祈禱，找靈媒算命，算塔羅牌，看氣象預報，搜尋新聞研判罹患各種疾病的機率，以便採取預防疾病的必要措施。

❖ ❖ ❖

埃及的一處考古挖掘點發現了古代的骰子，因此賭博可追溯到西元前三千五百年。[6]賭徒以及工作牽涉到精準度、運氣或高風險的人（例如運動明星、演員、軍人、船員），經常藉由迷信的儀式尋求保護。[7]其實迷信的可不只這些人，我自己數不清有多少次在開車看到前面是紅燈時，心中浮現：「如果在我停車之前變成綠燈，我就能通過考試」之類的想法。如果燈號沒有變綠怎麼辦？沒關係，那就三戰兩勝吧。

我們每天都在為最隨機、無意義的事件賦予意義，只為了給自己一種掌控世界的感覺。人類大腦經由演化，對可預測性產生了依賴。[8]我們的祖先每天必須做出大量決定才能活下去：哪些食物能吃，在哪裡棲身最能抵擋無情的天災，哪些地點能躲避掠食者。可預測性之所以有用，是因為它簡化了決策過程。如果這種食物之前吃了沒事，就表示可以再次安全食用。由於人類高度仰賴可預測性，因此大腦演化出對可預測性的恆久偏好。

大腦收集外在世界的所有數據，儲存成記憶。記憶幫助我們決定如何採取行動，方法是以過往經驗對照現況。像爬樓梯之類的簡單任務，過程進行得相當快速。但若是複雜的決定，過程會更加曲折，例如判斷對方是否可靠。大腦特別喜歡它認得的模式，因為模式有助於建立周遭環境的可預測性，消除不安或陌生感帶來的不愉快感受。

（Peter Bernstein），《與天為敵》（*Against the Gods: The Remarkable Story of Risk*），中文版於一九九八年由商周出版社出版；丹尼爾．吉伯特（Daniel Gilbert），《快樂為什麼不幸福》（*Stumbling on Happiness*），中文版於二〇〇六年由時報出版社出版；Kaplan, E. & Kaplan, M., *Chances Are: Adventures in Probability*, Penguin, 2006, London; Leigh, A., *The Luck of Politics*, Black Inc., 2015, Melbourne; Rosenthal, J., *Struck by Lightning: The Curious World of Probabilities*, Joseph Henry Press, 2006, Washington.

6 伯恩斯坦，著作同註5。

7 Kaplan & Kaplan，著作同註5。

8 對於人類大腦偏好確定性與可預測性的敘述，以及大腦的化學作用，引用 Belkin 的上述著作與以下的書籍和文章：https://www.psychologytoday.com/blog/your-brain-work/200910/hunger-certainty; http://www.patheos.com/blogs/tippling/2016/02/21/the-psychological-need-for-certainty-goddidit/; https://www.scientificamerican.com/article/are-we-addicted-to-inform/

已有許多科學實驗證明，跟「不可預測性」相比，大腦偏好「可預測性」。有一項研究讓猴子從兩個不同顏色的目標物中選一個，無論選哪一個都有獎勵，但是一個目標物會預先告知獎勵是什麼，另一個不會。[9] 幾天之後，猴子都明顯偏好會預示獎勵的目標物。另一個研究發現，跟不確定是否會遭受電擊相比，人類受試者更願意確知自己會遭受電擊。[10] 也就是說，跟一無所知比起來，人類比較喜歡知道未來會發生什麼，就算是痛苦的事也一樣。無論是好是壞，知道接下來將發生的事能幫助我們做好準備。所以「有備無患」（Forewarned is forearmed.）這句話在生物學上完全站得住腳。

人類對確定性與可預測性的偏好，也可以用化學來解釋。當大腦收到「有意義」的資訊時，大腦的反應跟滿足渴望時一樣：釋放多巴胺，一種讓人感到愉快的化學物質。在多巴胺的作用下，身體會感到平靜、滿足、舒服、放鬆和安全。相反地，不確定性的感受比較接近痛苦，身體會試著避免這種感受。人類對不確定性的容忍程度因人而異。例如有強迫症的人就極度討厭不確定性。

人類偏好可預測性，所以喜歡用因果關係去理解周遭的一切，包括難以解釋的情況在內。「事出必有因」是一個令人安心的想法，彷彿在某個我們看不見的地方有一張人生藍圖，支配著我們的人生方向。[11] 確定的感覺使我們相信人生受到某種形式的掌控，這掌控是來自他人或自己都無所謂。對許多人來說，相信努力工作、認真選擇或善有善報等因素對人生的影響大於運氣跟機會，會給他們一種安心的感覺。

但這種思維與證據相符嗎？許多改變人生的事件（以及每天都發生的平凡事件）都是隨機的。路意莎做了什麼令她「應當」罹患多發性硬化症？當然沒有。她也跟你我一樣，不應該成為林德咖啡館十八名人質之中的一位。為什麼路意莎沒死，而托里跟凱翠娜卻死了？大腦想要得到一個解釋來滿足它對因果關係的渴望。[12] 像林德咖啡館這樣的事件粉碎了我們的個體安全感，而大腦亟欲恢復安全感。

---

9 https://www.scientificamerican.com/article/are-we-addicted-to-inform/

10 http://www.nature.com/articles/ncomms10996；https://www.forbes.com/sites/alicegwalton/2016/03/29/uncertainty-about-the-future-is-more-stressful-than-knowing-that-the-future-is-going-to-suck/#71fa8f5264a

11 邁克爾・布拉斯蘭德（Michael Blastland）與戴維・施皮可哈爾特（David Spiegelhalter），《一念之差：關於風險的故事與數字》（*The Norm Chronicles: Stories and Numbers About Danger*），簡體中文版於二〇一七年由生活・讀書・新知三聯書店出版；Kaplan & Kaplan，著作同註5，第八三頁（英文版）。

12 羅妮・吉諾夫—布爾曼（Ronnie Janoff-Bulman）在創傷與適應方面，是全球最重要的思想家之一。她在許多文章之中，把這些概念解釋得很清楚。有一篇文章對這個章節特別有用，叫做〈假設的世界與創傷此類事件沒有直接了當的答案，但大腦還是會苦苦尋找。有了答案，大腦才能把這個經驗歸檔結案，然後接著去思考那些威脅性較低的事情，例如晚餐要煮什麼。

當大腦努力思考某件事為什麼會發生，或是思考「我也可能碰上那種事」的時候，它會一如往常地尋找熟悉模式，希望藉此找到能令它感到安心的合理解釋。根據閱讀的資料，在尋找答案的過程之中，大腦主要會受到三件事影響：個人經驗、生理機制的演化以及他人的經驗，而我們通常是藉由新聞媒體得知他人的經驗。表面上看來，這三件事似乎都是可靠的推導憑藉。實際上，我們對可預測性跟明確原因的偏好經常使我們只看見自己想相信的，反而對現實視而不見。

我們很難接受個人經驗（直接看到和感受到的經驗）是不可靠的。但是大腦的習慣可能會騙人。對於因果關係的渴望，讓我們能在無關的事情之間看見關聯。例如「巧合」。討論驚人巧合真實案例的書很多，[13]因為巧合意味著生命裡不是只有隨機與意外，我們都喜歡巧合的故事。我的車壞了，所以只好搭巴士，鄰座的陌生人後來成了我的老公。我的車壞了是「命中注定」。這一定是命運。但我以前搭了那麼多次公車也沒發生什麼大事，嗯，那不重要。平淡無奇的事就算發生了幾十次，大腦也不想記住它們，因為記住不尋常的單一事件才是大腦的本能反應（因為這件事偏離了可預測的範圍，或許有可能威脅生存）。

巧合愈特別，事件愈出乎意料，大腦就賦予它們愈高的重要性。林德咖啡館事件發生後，有很多人說自己在案發前幾分鐘才離開咖啡館，或是本來那天早上打算去咖啡館，直到最後一刻才改變計畫。[14]人類超愛這種千鈞一髮、早有預感或死裡逃生的故事，因為這些故事使我們相信自己的生命很特別，我們對宇宙來說有獨特的意義，就像宇宙對我們來說一樣。諸如此類的故事幾乎總是在災難過後紛紛冒出，[15]例如一九一二年的鐵達尼號船難事件後，密西根的《蘇聖瑪麗晚報》（*Sault Ste*

事件的壓力：思維模式的應用〉（'Assumptive Worlds and the Stress of Traumatic Events: Applications of the Schema Construct', *Social Cognition*, 7(2), 1989, pp 113-136. http://doi.org/10.1521/soco.1989.7.2.113）

13 King, B., & Plimmer, M., *Beyond Coincidence*, Allen & Unwin, 2003, Sydney.（這本書的第二十六頁特別提到，一般人相信巧合意味著生命不只是一連串的隨機事件。）

14 以下的幾則新聞報導可找到類似案例（二〇一七年三月五日存取）：http://www.dailytelegraph.com.au/news/nsw/lindt-siege-i-should-have-been-inside-the-lindt-cafe-that-day-reveals-maria-twomey/news-story/877e42652e1ea13865dec6cb29322b1b; http://www.theaustralian.com.au/news/lindt-cafe-siege-how-martin-place-siege-horror-unfolded-before-me/news-story/631b0562dd5793660b0932d878faa929

15 《史密森尼》雜誌（*Smithsonian*）曾在一篇文章中貼出《新聞晚報》（*The Evening News*）的剪報，介紹有哪些知名人士差點搭乘鐵達尼號。https://www.smithsonianmag.com/history/seven-famous-people-who-missed-the-titanic-101902418/?page=8（二〇一七年五月二十一日存取）

Marie Evening News）說有七千多人「差點登船」，並指出他們之中大部分都「確實訂了船票才取消訂位」，而且有幾百人「預感到會出事」。

這種想法或多或少有點自戀，或是套一句路意莎的話：「絕對是愚蠢的錯覺。」那天早上沒有去林德咖啡館喝咖啡的人很特別，路意莎跟另外十七名人質不特別，這種想法顯然很荒謬。

大多數的特殊事件，例如成為恐攻受害者，至少都能透過「大數法則」這個數學理論得到部分解釋。只要做為「樣本」的人數夠多，極為罕見的事件發生的機率就會大幅上升。若某件事發生的機率是百萬分之一，看起來或許不太可能發生。但是澳洲有兩千四百萬人，[16] 就算每年只發生一起機率百萬分之一的事件，就會有二十四個澳洲人雀屏中選。

大數法則[17]說明了為什麼對你個人而言意義重大的事，其實一點也不獨特。舉例來說，假設你夢到一位朋友過世，結果隔天發現他確實已經過世，你肯定會覺得這是個非常重要的巧合，必然有特殊意義。[18] 但是二〇〇三年，英國有一位統計學家算出夢到朋友過世而朋友確實過世的機率。他以當時的英國人口（五千五百萬，這個樣本數很巨大）為計算基礎，假設每個人一輩子平均會夢到朋友過世一次，然後把二〇〇〇年的每二十四小時全國死亡率納入考量。計算的結果是：準確的死亡之夢在英國出現的機率是每兩個星期一次。

以七十五億的全球人口來說，大數法則告訴我們，林德咖啡館這一類的事件其實（令人遺憾地）相當常見。不過，這並不代表我們遭遇類似事件的可能性比較高。地球是終極的巨大樣本，樣本數很多，所以一個人成為有新聞價值的攻擊事件受害者的機率還是很小。大腦會誇大這種可能性，因為它特別關注特殊事件，一些顛覆過往模式的事件。

如果直接影響我們的隨機災禍發生的機率很低，我們為什麼如此害怕？[19] 為什

---

16 澳洲統計局經常更新人口數字。寫這本書的時候，澳洲有兩千四百萬人。https://www.abs.gov.au/ausstats/abs%40.nsf/94713ad445ff1425ca25682000192af2/1647509ef7e25faaca2568a900154b63?OpenDocument

17 為了理解大數法則，我看了好幾本書，包括：Kaplan & Kaplan，著作同註5；Rosenthal，著作同註5；Leigh，著作同註5。

18 King & Plimmer，著作同註13，第四三頁（英文版）。

19 關於懼怕風險與生理機制的演化，我參考的是：Gigerenzer, G., *Calculated Risks*, Simon & Schuster, 2002, Sydney（尤其是第二三七頁）；亞曼達・瑞普立（Amanda Ripley），《生還者希望你知道的事》（*The Unthinkable: Who Survives When Disaster Strikes – and Why*），中文版於二〇一一年由行人出版社出版；'Perception of Risk posed by Extreme Events', *Risk Management Strategies in an Uncertain World*, n.d., pp 1-21.

麼這麼擔心會碰到那些事？如同大腦偏好可預測性一樣，這些問題的答案也跟生理機制的演化有關。生理機制的演化以及個人經驗，通常都是推導出特定結論的關鍵原因。若把時間放大到人類史的尺度，距今約莫只有一毫秒，人類以小型部落的形態群聚。從出生到死亡，都跟同一群人生活在一起。人類祖先面臨的潛在威脅，對多數的現代人來說早已不是問題：蛇、蜘蛛、大型貓科動物和其他掠食者、黑暗、獨處、暴露在空曠處。物換星移，演化使人類內化了這些恐懼，因此現在它們依然是最常見的人類恐懼。

我們的祖先有理由害怕，那些可能一次奪走許多性命和消滅部落多數人口的情況。人愈多愈安全，部落的人口愈多，存活的機率就愈高。新的威脅（也就是之前從未碰過的威脅）特別可怕，因為部落無法預先防範。演化使得今日的人類對造成大量死傷的突發事件與災難，依然懷有與生俱來的恐懼。

科學家和心理學家檢視了大腦的演化過程，並依據所謂的「懼怕風險」（dread risk）定義許多人類共同的恐懼。無法控制、不公平、陌生、難以理解、造成大量痛苦或死亡以及大規模破壞的事件，都有較高的懼怕風險指數。例如化學戰爭、恐怖活動與持槍屠殺，都屬於高懼怕風險。抽菸和從梯子上摔下來屬於低懼怕風險。

生理機制使我們對高懼怕風險事件的恐懼，超越低懼怕風險事件，儘管低懼怕風險事件更有可能導致死傷。我們都知道抽菸跟爬梯子很危險，但是跟恐怖份子引爆炸彈比起來，前面兩件事好像都在我們的掌控之中。

雖然長期而言，死於低懼怕風險事件的人比較多，可是高懼怕風險事件一次奪走許多性命。正因如此，明明開車比搭飛機要危險得多，比起開車去機場，很多人更害怕搭飛機。核事故也比肥胖症更令人害怕。看到像林德咖啡館事件之類的報導時我們會感到極度無助，但其實看電視的時候吃一碗薯片配一瓶紅酒，會增加我們英年早逝的風險。我們會有這樣的反應，是因為人類祖先所面臨的古老威脅以及天生的生理機制。

新聞媒體強化了我們對於風險的恐懼和大腦對特殊事件的重視。媒體就像放大版的人類大腦，排除普通的日常事件，留下少見的事件。如果你經常看新聞，或許會以為報導中的事件（恐攻、鯊魚襲擊、綁架兒童）比實際更加常見。你甚至會以為生活可能面臨這些威脅，這是因為演化使你對大規模傷亡事件和突襲事件特別警覺。你本能地想要保護自己的「部落」，而不是用大數法則來理解可怕的事件。

除此之外，科技加深了世人之間的連結，可怕事件的樣本數變得龐大無比。電視新聞的影響力尤其顯著，看見一個被殺害的孩子與啜泣的父母的畫面，造成的衝擊很強烈，儘管你知道同一天有無數個孩子安全無虞地玩耍著，依然無法擺脫這種衝擊。新聞無法幫助你評估最大的安全威脅是什麼，[20] 相反地，新聞會讓你對這些威脅視而不見，因為你的恐懼都被導向不會影響你人身安全的事情。

正因為個人經驗、生理機制的演化與新聞媒體的誤導，當我們心想「也可能發生在我身上」的時候，十有八九都是錯的。更糟的是，這些錯誤結論也可能帶來危害，而且嚴重程度不亞於威脅本身。二〇〇一年美國九一一事件發生後，美國人對搭飛機心生恐懼，因此飛機載客量與九一一前的同時期相比減少了百分之十七。[21] 除此之外，根據美國政府的數據，道路駕駛的里程數增加了約百分之五。二〇〇六年三位康乃爾大學（Cornell University）教授的研究發現，九一一事件發生後的兩年內，約有兩千三百〇二人因為捨棄飛機、選擇開車而喪命（只比九一一事件的罹難人數少了約七百人）。

以上是在為本章調查資料的過程中產生的想法，我沒有掉進非理性思維的陷阱裡。但這個時候，黃金海岸的夢幻世界主題樂園（Dreamworld）發生了可怕的慘劇。夢幻世界最受歡迎的某項設施發生故障，導致四人死亡。正如林德咖啡館事件，這場意外也使大眾深感震驚，澳洲有很多人因為去過夢幻世界而感同身受。我也跟大家一樣心煩意亂，那天下午去托兒所接兩個兒子的時候，我告訴自己，永遠不會再讓他們坐上遊樂裡的任何設施。一邊開車，一邊快速做下這個倉促的決定。

但是二〇一六年一整年，澳洲只有四人喪命於主題樂園的遊樂設施（就是夢幻世界的那四名死者），死於車禍的人數超過一千人。[22]要說安全，我兒子坐雲霄飛車比坐我駕駛的車安全多了。儘管如此，當時我的想法是，我不要冒險坐雲霄飛車，但沒車開實在太不方便，所以值得冒險。

我不讓孩子坐雲霄飛車的思考過程很常見，還有個名字，叫「大中取小遺憾」準則（minimax regret）。[23]研究決策理論（decision theory）的數學家定義這個準則為：用事後遺憾的程度來做選擇。我對雲霄飛車敬而遠之，原因是我不想因為孩子受傷而感到遺憾，這樣的思維就是「大中取小遺憾」。看似最古怪的大腦行為，其

20 瑞普立，著作同註19，第四九頁（英文版）。
21 同上，第三四頁（英文版）。
22 基礎建設與區域發展局（Bureau of Infrastructure and Regional Development）：https://www.bitre.gov.au/statistics/safety
23 布拉斯蘭德與施皮可哈爾特，著作同註11，第五六頁（英文版）。

實比多數人以為的更容易預測。

碰到這種事，不是只有像我這樣的老百姓會出現不合邏輯的思想跟行為，有時候連政府也會。澳洲的前三大死因是心臟病、失智和中風，[24]三者的懼怕風險都很低。二〇一四年，也就是林德咖啡館事件的那一年，澳洲人死於心臟病的比例是千分之一。[25]相較之下，澳洲人成為林德咖啡館事件罹難者的機率是一千兩百萬分之一。[26]換句話說，二〇一四年澳洲人死於心臟病的機率是成為林德咖啡館事件罹難者的一萬兩千倍。澳洲人死於心臟病的風險遠遠高於恐怖攻擊，但是政府花多少錢對抗和治療心臟病？[27]答案是每年約七十億澳幣。[28]那麼國防、執法與反恐的預算是多少？[29]超過心臟病的五倍，大約是三百五十億澳幣。[30]

我們接受這樣的資源分配，部分是因為懼怕風險：對恐怖主義的懼怕甚於心臟病。我們也認為如果縮減反恐預算，恐怖攻擊的致死率或許會追上心臟病。

另一個原因跟驅使我們購買房屋保險的思維很類似，即使我們的房子燒成灰燼或是被天災摧毀的機率微乎其微，但我們連這百萬分之一的機率都無法忍受。寧願用賠率百分之一百的微小損失（保費），去對賭機率未知的極大損失（整棟房子）。[31]大多數的人買保險都是基於害怕後果，而不是基於發生機率，就跟我害怕讓兒子玩遊樂設施一樣。知道發生意外的機率很低，但是對發生意外的後果感到恐懼，這種恐懼壓倒了理智。大腦想要排除兒子死於離奇意外的可能性，強行建立了確定性和秩序。

路意莎說，這是我們自以為能趨吉避凶的幻覺。我不可能把我兒子可能碰到的每一種災難全部一網打盡、預先防範。除了死在雲霄飛車上，還有很多其他災難可能會降臨在我兒子身上，而且沒有一種是能事前預知的。

---

24 澳洲統計局每年都會公布澳洲人的主要死因數據。寫作時的最新數據是二〇一五年：https://www.abs.gov.au/AUSSTATS/abs@.nsf/allprimarymainfeatures/47E19CA15036B04BCA2577570014668B?opendocument

25 二〇一四年的澳洲人口是23,490,700，死於心臟病的人數為20,173人。本數據來自澳洲統計：https://www.abs.gov.au/ausstats/abs@.nsf/Lookup/by%20Subject/3303.0~2014~Main%20Features~Leading%20Causes%20of%20Death~10001。用人口數除以死於心臟病的人數，算出的答案是一一六四分之一。

26 澳洲二〇一四年的人口是23,490,700。林德咖啡館的人質中有兩人罹難。用人口數除以罹難者人數，算出的答案是將近一千兩百萬分之一。

27 在寫作時參考了由政府資助的澳洲衛生與身心健康研究院（Australian Institute of Health and Wellbeing）的最新數據：https://www.aihw.gov.au/media-release-detail?id=60129546452

28 譯註：約一千四百九十八億新台幣。

29 在寫作時參考的最新數據來自二〇一五／一六年的聯邦預算：http://www.budget.gov.au/2015-16/content/glossy/nat_sec/html/nat_sec01.htm

30 譯註：約七千四百九十億新台幣。

31 伯恩斯坦，著作同註5。

專家稱此類出乎意料的事件為「黑天鵝」。[32]這個詞的發明人是美國作家納西姆．塔雷伯（Nassim Taleb），用來指稱衝擊力強大、罕見、難以想像的事件。這個詞的典故來自於英國探險家抵達澳洲之後，只看過白天鵝的他們，第一次看見黑天鵝。二〇〇五年卡崔娜颶風重創美國紐奧良，奪走一千三百多條人名，是美國史上最具毀滅性的天災。卡崔娜颶風是黑天鵝，九一一事件也是，並非所有的天災或恐攻都是黑天鵝。這些事件的影響必須劇烈到超越人類的想像或預測，才算得上是黑天鵝。

沒有人能預測特定的黑天鵝會不會出現，但是有能力的企業或政府都知道黑天鵝屬於一般威脅，而大型機構都會模擬演練常見的、最壞的情況。困難的是，一個系統愈複雜，就愈難準確預測及控制不確定性。人類的生命恰好是個極複雜的系統，生命的走向取決於長年累積的龐大社交連結與無數個微小決定。個人、企業和政府只能心存最好的希望，同時做最壞的打算。

得知這一切既令人安心，又令人惶恐。冷靜的邏輯分析告訴我，隨機碰到災難的機率很小。在電視新聞裡播報的那些事件再怎麼困擾我，發生在我和家人身上的可能性都很低。但這個想法沒什麼安慰的效果，原因很簡單：在跟路意莎聊過之後，我清楚地意識到就算只有十三．九億分之一的可能性，總是有人躲不過或然率。

❖ ❖ ❖

看了凱西找給我的參考資料後，我很快就發現沒有任何一個領域能完整解釋生命中的驟變與它們帶來的體悟。幾乎每一個領域都有值得師法之處：心理學、神經學、數學、哲學、文學、科學、宗教。就連法學也經常處理公平與機率的問題。我的記者魂渴望自己擁有討論這些題目的能力，很想找個橫跨多重領域的專業人士聊

32 對黑天鵝的了解以及機關組織對黑天鵝的看法，參考了以下資料：
Albin, G.F., 'When Black Swans Aren't" On Better Recognition, Assessment and Forecasting of Large Scale, Large Impact and Rare Event Change', *Risk Management and Insurance Review, 16*(1), 2013, pp 1-23; Markridakis, S., & Taleb, N., 'Living in a World of Low Levels of Predictability,' *International Journal of Forecasting, 25*(4), 2009, pp 840-844. http://doi.org/10.1016/j.ijforecast.2009.05.008; Masys, A.J., 'Black Swans to Grey Swans: Revealing the Uncertainty', *Disaster Prevention and Management, 21*(3), 2012, pp 320-335. http://doi.org/10.1108/09653561211234507

一聊，好讓我能獲得全面性的認識。我需要羅盤為我指引方向。

在很多年前，我曾經參加過一場晚宴，旁邊正好坐著雪梨大學副校長麥克．史賓斯（Michael Spence）。會記得這件事有兩個原因，第一個原因是與麥克和他的妻子貝絲（Beth）相處起來令人如沐春風。第二個原因是共進晚餐之後不久，我聽說貝絲罹癌病逝的噩耗，留下麥克與五個孩子。

麥克．史賓斯說不定是幫助我的最佳人選。一方面，失去妻子的他必定能為我的問題提供一些個人體悟。另一方面，管理一所大學也意味著他對各門學科都很了解。我在網路上搜索了麥克的名字，發現他的研究領域是英文、義大利文、法律和神學。此外，他還是聖公會的牧師。

他同意跟我碰面。[33]於是在一個微涼的陰天，我走進澳洲最美麗的空間之一：雪梨大學的方庭。華麗的建物圍成一個綠色的方形中庭，簡直就是《哈利波特》的電影場景。副校長辦公室位在建物一樓的角落，有寬敞的空間，挑高天花板，木板鋪設的牆壁和地面。大大的窗戶正對方庭，窗戶對面是占據一整面牆的書櫃，除了大量書籍，也擺放了精緻的亞洲藝術品，包括花瓶和茶具。這間辦公室最令我驚訝的地方是，麥克的木製辦公桌上空無一物。甚至連一枝筆、一台電腦都沒有。辦公桌旁有一張小桌子，桌上放著一個公文架與各種文件。但是主要的辦公桌上空空如也。這間通風良好的辦公室，感覺是個讓人思路清晰的地方。

年紀五十開外的麥克笑容溫暖、聲音輕柔。他的辦公桌前有一張茶几和幾張椅子，他引領我在茶几旁坐下後給自己倒了杯茶，我請他給我一杯水，然後才開始訴說自己的故事。

麥克與貝絲一九八八年相識於牛津大學，當時他二十六歲，她二十三歲。兩人都是虔誠的基督徒。他們在英國居住和工作了將近二十年，一起上教堂，一起建立家庭。差不多已在牛津安家落戶，直到二〇〇八年雪梨大學邀請麥克擔任副校長。那時候五個孩子年紀最大的十六歲，最小的才三歲。麥克與貝絲本來不打算搬到澳洲（貝絲是美國人），但是麥克無法拒絕這麼有趣的工作。

第一個徵兆出現在搬到澳洲約四年之後，貝絲感到髖部疼痛。她一直很健康，擅長划船、籃球跟排球，幾乎很少生病。那時麥克和貝絲剛買了新床，他們以為是新床導致貝絲的髖部不適。但幾個星期後，她出現胃痛的症狀。

---

33 私人訪談。二〇一七年十一月，麥克·史賓斯於雪梨接受作者訪談。

「她是二〇一二年十一月二十八日住進醫院，」麥克語氣謹慎地說出精準的日期，「十二月三日，醫生在她的背部、腸道、肝臟和髖部都發現癌細胞。她在十二月二十二日過世。」

他說出這件事的時候，我深感震驚。一個健康又年輕、育有五個孩子的母親，竟然確診不到一個月就離世了。丟臉的是，我一邊聽麥克說話，一邊忍不住地啜泣了起來。因為想到他們年紀最小的孩子。

「對不起，我居然哭了，」我向他道歉，「我非常愛哭，真的很抱歉。」

「沒關係，」麥克說，「別擔心。」

我之所以不想在他面前哭，是因為這是他的人生。若他能在遭受如此沉重的打擊之後保持冷靜，我在他面前情緒失控就顯得太不懂分寸、引人注意。他沒有責怪我，放下自責，我趕緊恢復情緒。

「十二月三日醫生宣布壞消息的時候，是怎麼說的？」我問。

「醫生都很難過。我不是專業醫療人員，但我想他們跟其他專業人士一樣都有慣用的工作模式，每個人都有。長期抗癌後死去的病患，或是死於癌症的老年病患，都是他們比較習以為常的情況。但是，一個快速死於癌症的年輕病患令人難以承受。貝絲的腫瘤科醫生一見到她就哭了，」麥克說，「她過世後，要求心理諮商的醫療人員也比平常多。醫療人員在工作上碰到困難時，可尋求心理諮商。」

還有一個情況令貝絲的醫生感到陌生，那就是在面對死亡的時候，她沒有驚慌、崩潰、怨天尤人。麥克和貝絲不想接受醫生稱之為「英雄」介入（'hero' interventions）的處置。他們想要的是治療，而非為了延長壽命不擇手段。貝絲過世的那一天，她既不害怕也不痛苦。

「她臨終之前，要求拔掉身上所有的管子，」麥克說，「護士說：『她非常不安。』我說：『不，她覺得她要回家了。』貝絲張開眼睛，說了三次『我與父原為一』（I and the Father are one），這句話來自《約翰福音》，然後她就走了。我們很幸運，這個過程一點也不可怕。」

「得知診斷結果後，你們有料到一切會結束得這麼快嗎？」我問。

「聽起來可能很假，但是從頭到尾，以及結束之後，都曾出現我所謂的『神恩時刻』，也就是對於眼前的事我已有心理準備。在她生病的九個月前，有天我洗澡時突然想到：要是貝絲死了怎麼辦？我想著她的葬禮應該在哪裡舉辦，用怎樣的方式。思考這種事很奇怪。但到了真的要幫她舉辦葬禮的時候，我早已想過這整件事。」

我問麥克在貝絲生病之前，除了意料之內，例如父母過世等事件之外，他有沒有經歷過什麼可怕事件？

「沒有，我過得很平順。」他說。

「你後來有沒有想過：原來我的人生會走到這一步，變成這樣的我，一個帶著五個孩子的鰥夫？」

麥克想了一下。「沒有，因為好好活著就很不容易了，你沒空思考這些事。不過，你看世界的角度會改變。我的大兒子說，他的轉變是在搭手扶梯時，他會思索那些反方向的手扶梯乘客：此時此刻，**你們**是否正在處理某個特定的悲傷、打擊或失望時刻？」

「那你自己呢？你的觀點是否有所改變？」

麥克再次停下來想了想。「我在手機裡列了一張清單，寫下那些讓自己覺得受到關愛的事。例如奇妙的巧合，或是發生了一些事讓我覺得神在對著我說：『我還沒完全忘記你。我依然在，我們可以一起挺過去。』我想，這加深了我的信仰。我不是故意說好聽話，因為我知道對很多人來說，悲傷的遭遇可能會重創信仰。所以這麼說沒有絲毫宗教或批判意味，只是以我個人而言，這件事加深了我的信仰。」

對麥克與家人來說，最難的反而是旁人為此悲傷的時候，他們不知道該說些什麼。有件事令他們感到驚訝，女兒露西（Lucy）回學校之後，全校只有一個人問她關於母親過世的事。露西覺得很受傷，也很困惑。麥克向露西的班導師反映露西在學校缺乏支持的事。班導師說，露西如果想聊聊跟母親有關的事，可以去找輔導老師。

「後來我們收到露西的第一張學期成績單。上面寫著『露西在學業和社交方面都表現優異，實屬難得，因為這學期她還參與了《西城故事》的話劇製作。』成績單上對母親過世的事隻字未提！我直接去找當時的校長討論這件事，她很棒。在那之後，他們學校處理這種情況的方式改善了很多。」

學校無疑地在處理學生家長過世這方面不夠敏感，部分是因為任何人（包括個人與機構）面對如此悲傷的事件時，都會不知所措。麥克回雪梨大學工作的第一天就清楚，自己必須扮演安慰其他人的角色。開會前，他先感謝來參加貝絲的葬禮和寫信給他的人。這麼做能快速驅散尷尬，也能消除旁人心中那種「說對話」或「做對事」的壓力。麥克的理論是：其他人想要提供某種真誠的或有意義的撫慰，卻又擔心自己做不到，所以才會變得笨拙。

「我記得有次碰到女兒的一個朋友，他也是雪梨大學的學生。他說：『史賓斯博士，聽到史賓斯太太過世，我覺得很遺憾。』我說：『謝謝你。』他說：『你還好嗎？』我說：『魯伯特，我當然很難過，但是我們都很好。』他說：『雖然可能幫不上忙，但要是有任何我能幫忙的地方，請讓我知道。』我說：『魯伯特，我會的。』然後我們就轉移了話題。他走之後，我心想，真希望有人能教教大家，只要說一句『聽說你的妻子死了，請節哀』，就夠了。大家常說自己不想主動提起這件事，原因是『我不想害你想起傷心的事』。我心想，難道你以為我已經把這件事忘得一乾二淨了嗎？」

貝絲過世兩年後，麥克再婚。他與再婚的妻子珍妮（Jenny）又生了兩個孩子。雖然日子過得幸福快樂，但當然也有艱難的時候。珍妮一結婚就成了五個孩子的媽，後來又多了兩個寶寶要照顧。儘管一家和樂，仍有許多需要互相調適的地方。

「我想告訴你的讀者的是，壞事很難熬，但有時候好事也難熬。」麥克說，「我覺得這個觀念很重要，生命中的艱難時刻會讓人過得辛苦，但其實好事、值得做的事也可能讓人過得辛苦。儘管我和妻子深愛彼此，婚姻穩固，也會有辛苦的時候。」

「如果我理解得沒錯，你的意思是生命中的好與壞同時並存，是嗎？儘管當時貝絲即將死去，但你們在醫院裡共度了美好時刻。而現在你婚姻幸福、家庭美滿，但還是會有難熬的時刻？」

「對，」麥克點點頭，「我承繼的傳統有一個優點，那就是認為世界是支離破碎的。生命中有很多難熬的時刻，就算是過得相對平順的人，也不例外。我們可以承認生命難熬，這不會讓任何人蒙羞。真的沒有關係。承認，反而會給人空間展現人性。」

麥克口中的「傳統」是基督教信仰。跟訪談路意莎的時候那樣，我努力放下對宗教的成見。不知道為什麼，每次有人說他們面對困難的方式是相信一切都在神的掌控之中，我都很想告訴對方：「你只是覺得自己**應該**這麼說，但你的**真實**想法是什麼？」但這次我再度放下心中的懷疑，仔細聆聽。麥克是一個非常聰明、有成就、有內涵的人。如果他在基督教的教義中找到價值，我肯定能從中得到領悟。

「我不希望問題聽起來帶有批判意味，因為我只是想要釐清想法。」我說。

「沒關係，你儘管問。」他語帶鼓勵。

「你真心相信上帝存在嗎？」我問。

「我真心相信上帝存在。」他答。「其實你想問的是『我為什麼有宗教信仰？』原因分為外在與內在。外在原因是，我認為基督教對世界的描述比其他描述更加合理。至於內在原因，我想是它符合我的生活經驗。基督教的世界觀不僅在理論上使我信服，在心理與心靈層面也是如此。」

失去貝絲之後，麥克更加確信宗教提供的世界觀，而不是越發懷疑。他說得沒錯，有些人跟他恰恰相反。他們對原本的信仰失去信心。我需要麥克分享的不只是個人經驗，更需要他提供客觀的專家意見。

「你的工作正是關於管理大學，」我說，「我發現很多學科在本質上都與人類建立秩序的渴望有關，例如數學、科學與法律。」

「是的，這個問題很有意思，」麥克說，「以科學為例，宇宙的秩序是人類建立的，還是人類發現宇宙存在著某種秩序？我們為什麼要討論物理學的『定律』？這是因為我們意識到自己在做的是發現，而非建立。」

「那麼，」我問，「我該從哪裡下手尋找答案？學術界如何回答關於命運、機緣和人生驟變的疑問？」

他思索了好一會兒。「這個問題的答案，大致上分為兩個主要方向。有些哲學理論說，生與死、病痛與健康、破壞與創造之間相輔相成。就像一支創造和破壞之舞，陰與陽等等，這種模式有某種美感。但有位英格蘭作家曾說過，這種想法只可遠觀，近看可不是這麼一回事。」

「另一派思維源自中東，特別是猶太—基督教（Judaeo-Christian），認為健康、美好與生命比病痛、死亡等苦難更加真實。所以你必須解釋為什麼不好的事情是反常的。」

麥克告訴我耶魯大學有一門課叫「生命的價值」（A Life Worth Living），邀請來自不同信仰的講者為學生講課，包括入世的無神論者、馬克思主義者、基督徒、穆斯林、佛教徒。每位講者都回答相同的問題：你如何解釋痛苦？死亡有什麼意義？你認為好的事物具備哪些特質？

「每一種信仰的資源都很豐富，」麥克說，「問題在於，沒有灰色地帶。要當一個反思生命的人，似乎就得接受與這些問題有關的立場，並且試著在這個立場下過著協調的生活。」

我們聊了我在資料上讀到的各種心理學與演化理論。

「尋找每一件事的因果關係，似乎是一種普遍的人類需求，」我說，「包括可怕的事件為什麼會發生。」

「對，」他也這麼認為，「而且有趣的根本問題是：我們為什麼有這種需求？說它是一種演化而來的功能，目的是幫助人類好好活著，似乎很合理。但問題是，這跟我的感受不一樣，也不符合我的個人經驗。說得深入一點，當我看見小孩子受苦或大災難的畫面時，我會直接認為這是不對的。《約翰福音》裡有一個故事是耶穌在拉撒路（Lazarus）的墳墓旁生氣哭泣，還有一個故事是耶穌在另一個地方碰到一個生病的男人，這兩個故事所使用的動詞，在希臘語聖經裡，跟描述憤怒的馬用鼻子噴氣的動詞是相同的。它要傳達的觀念是，說出『這樣是不應該的』的這句話是沒關係的，也是正確的。我覺得這兩個故事充滿力量。不管我碰到怎樣的困難，這個觀念一直扮演重要角色。」

麥克的這個答案使我恍然大悟。關於這個我有興趣的問題，科學提供的只是背景。生理機制的演化是了解人類感受的一種重要方式，但是這種機制如何在每個人體內發揮作用，才是我真正想探究的目標。如果路意莎相信成為人質和罹患多發性硬化症使她變得更堅強，如果麥克認為妻子的逝去加深了他的信仰。那麼以了解人類這件事來看，他們的故事跟理論研究一樣可信。麥克建議我使用軼事記錄法（anecdotal approach），搭配學術論文來理解脈絡。

「我想，這會是個非常有趣的作法，想想經驗的共通性有哪些，」他如此建議，「還有你如何從內在處理經驗？你可以試著透過某一個人的眼睛來看世界。」

跟麥克聊過之後，我發現答案並非存在宇宙某個角落等我發現。我會從凱西傳來的書籍跟期刊裡得到啟發，而我的記者功力也有發揮空間，從別人的生活經驗裡，一定能找到豐富的智慧與洞察。

第二章

風雨同舟

一九九〇年代的我還是個初出茅廬的記者。對我來說，那時候發生的重大新聞事件似乎都比最近的新聞頭條更令人難忘，或許是當時對這份工作仍有新鮮感與興奮感。戴安娜王妃和ＩＮＸＳ樂團主唱麥可．赫金斯（Michael Hutchence）死去的那一天，前澳洲總理保羅．基廷（Paul Keating）下台的那一晚，還有各家媒體急忙派記者前往特瑞坡（Thredbo）報導嚴重土石流的那一刻。新聞編輯室裡總是充滿張力，記者腳步匆忙，電話響個不停。新聞部主任辦公桌後面的白板上寫著分派給各個攝影團隊與記者的任務，雜亂的箭頭、線條與數字都神奇地變成晚間新聞。

那段忙亂的歲月裡，有一張知名新聞照片[1]我至今記憶猶新。那張照片在澳洲的深植人心的程度，不亞於被控弒女的琳迪・張伯倫（Lindy Chamberlain）[2]攤開女兒艾札莉亞（Azaria）的海報的那一刻。那張照片是一個身著西裝的男子，深色的頭髮梳得很整齊，剛從教堂裡走出來。手裡拿著三支鳶尾花，其中一隻手的手腕上有一個亮粉紅色的髮圈。他的眼睛往下看，痛哭流涕，表情哀戚。他的兩側各有一位男士攙扶著他，其中一位正在哭泣，另一位非常嚴肅。他們半護半抬地帶這名悲痛的男子走出教堂。

照片中的這位男士叫華特・米卡奇（Walter Mikac），當時他剛參加完一九九六年亞瑟港槍擊案的追悼會，這場槍擊事件有三十五人罹難。若不算殖民時期，亞瑟港槍擊案是澳洲史上最嚴重的屠殺事件，引發備受爭議的澳洲武器法規改革。

華特寧可不要成為那張知名照片的主角，也不願成為全國焦點。一九九六年四

1 https://www.news.com.au/national/northern-territory/walter-mikac-looks-back-at-the-port-arthur-massacre-and-its-legacy/news-story/89c9f4155c19e69f491de68ccf720f40

2 編注：一九八〇年八月琳迪・張伯倫的九週大女兒，在澳大利亞北部地區野營時遭到野狗襲擊而死亡。一九八二年琳迪被誤判謀殺女兒，丈夫也被判為共犯。直到一九八七年皇家委員會的調查結果才裁定這對夫婦是無辜的，但是在此之前，他們被公眾憎恨，並遭媒體負面報導。

月二十八日，那天華特去打高爾夫球，他的妻子娜南特（Nanette）帶兩個女兒去亞瑟港（Port Arthur）的古蹟遊玩，艾蓮娜（Alannah）六歲，瑪德蓮（Madeline）三歲。妻女三人聽見槍聲後想要逃離現場，這時有輛車在她們身旁停下。娜南特直覺認為對方能提供協助，於是走向那輛車。豈知下車的正是槍手，他開槍射殺了娜南特和她的兩個女兒。

華特・米卡奇跟路意莎・荷普一樣，知道對當事人來說，概括的或然率無法提供任何安慰。一九九六年像米卡奇一家這樣住在澳洲鄉村，然後成為槍擊案罹難者的機率，可說是微乎其微。家人全數死於槍擊案的機率更低。但這件事就發生在華特身上，當時這位藥劑師才三十出頭。

這個悲愴的經驗，使華特・米卡奇成為澳洲史上最有名的悲劇主角之一。沒有人想被貼上這張標籤，可是一旦這張標籤上身，就永遠也撕不掉，例如布魯斯與德妮絲・莫爾康（Bruce and Denise Morcombe）[3]、琳迪・張伯倫、史都華・戴維（Stuart Diver）[4]。二〇〇八年，蓋瑞・林區（Garry Lynch）的死訊登上報紙，皆稱蓋瑞為「安妮塔・科比（Anita Cobby）的父親」[5]——他女兒是澳洲最有名的命案受害者之一。[6]蓋瑞過世時已高齡九十，他的人生到死仍因女兒所遭受的殘忍罪行而被貼上標籤。

如果像華特・米卡奇和上述的其他人那樣，身陷撼動社會的重大悲劇之中，無論經過多少年，人生都不再屬於自己。事件滿週年時，會有記者來敲你家大門。發生類似的悲劇時，記者會請你發表看法。面臨「改變現況」的壓力，雜誌會刊登〈他們現在在哪裡？〉之類的文章。媒體對這些事件的高度關注，使我們以為自己想要了解這些新聞人物的後續消息，是出於真實的關心。

我會這麼熱切地想要了解他們的人生，還有一個原因。上一章說過，粉碎安全感的重大事件會令我們慌亂不安。我們會翻來覆去地思考它們，直到找到合理的解釋。愈震驚、愈可怕的事件，愈難想清楚。每個人的大腦都忙著尋找答案是理所當

3 譯註：莫爾康夫婦十三歲的兒子丹尼爾（Daniel）二〇〇三年十二月七日失蹤，警方直至二〇一一年才找到遺物與遺骸，並逮捕嫌犯布列特・彼得・柯文（Brett Peter Cowan）。

4 編註：戴維是一九九七年特瑞坡土石流事件的唯一生還者，也是第五章主要訪談人物。

5 http://www.smh.com.au/news/national/garry-lynch-dies-at-90/2008/09/14/1221330652997.html; https://www.dailytelegraph.com.au/news/nsw/fond-farewell-for-garry-lynch/news-story/813f9ccd02140b80252769b5fb435584（均於二〇一七年三月二十八日存取）

6 譯註：安妮塔・科比是護士，也是選美皇后。一九八六年與同事共進晚餐後，在返家途中遭五名男子綁架性侵後殺害。

然的，但做為群體，我們會採取一些集體行動。災難登上新聞後，緊接著會出現更多關於大眾反應的報導。我們總是會獻花、安排紀念的地點、聚集在一起。

身為記者，我看過這種集體哀悼活動很多次，但現在我想知道為什麼我們要這麼做。重大悲劇發生之後，群眾想追尋的到底是什麼？群眾為什麼會出現那樣的反應？群眾的行為，如何加深我們對自己的了解？非當事人的行為，對身陷事件風暴中心的人有何影響？

❖ ❖ ❖

在亞瑟港槍擊案滿二十週年的幾個月之後，我約了華特．米卡奇在新南威爾斯北海岸的酒館吃晚餐。那是個下雨的夜晚，我望向窗外尋找他的身影。說真的，我有點害怕見到他。華特的遭遇，幾乎是我所能想像的最可怕的事。我怕聽他描述那件事自己會想哭，就像訪問麥克．史賓斯一樣，擔心我的表情藏不住內心的恐懼。我知道這些年來，有許多人把華特當成「亞瑟港槍擊案罹難者家屬」，而不是一個碰到可怕事件的正常人。我緊張得不得了，甚至如約會般準備了閒聊的話題。（我看到他喜歡園藝的報導，所以準備了幾個種植物的小故事。也猜他應該喜歡看澳洲職業足球賽，因為是墨爾本人。）

在侷促地把玩餐具時，我看見華特在對街停好了車，穿過馬路向酒館走來。他在襯衫外面套了一件淺灰色帽T，相貌跟二十年前差不多，只是頭髮好像少了一點，稍微發福了些，但瀟灑依舊。

我們握了手之後，我一邊滔滔不絕說出預先準備好的開場白，一邊暗自祈禱自己看起來不會太傻頭傻腦。我們各自點了晚餐，華特點了東方扁蝦（Moreton Bay bugs），我點的是肋眼牛排。事實證明，我的擔心都是多餘的。華特很健談，緊張很快就煙消雲散。

原來我不是第一個害怕跟他聊天的人，案發後的那一年，華特外出購物時偶爾會碰到女性一認出他後就潸然淚下，然後一語不發快速離去。他的遭遇可怕的難以想像，就連親近的朋友也不敢面對他。

「我說的這位朋友，」他告訴我，「他叫做道格（Doug），我們時常一起打板球，他女兒在我的藥局工作。有一天我走在街上，看見他朝我迎面走來，一看見我他就立刻轉身往另一個方向。我當時必須快速決定該怎麼做？如果讓他這樣走掉，我們很可能會絕交。所以我加快腳步。我加快腳步時，他幾乎拔腿快跑。我追上他，把手放在他肩膀上，他轉身的時候已是淚流滿面。我告訴他：『沒關係，道格，你什麼都不用說。』」[7]

雖然我完全明白道格為什麼要跑，但想到華特承受這麼多痛苦之餘，還要負責安慰其他人，實在太可憐了。這讓我想到麥克．史賓斯說過的話，儘管他才是最痛苦的那個人，但他必須消除同事看到他時的尷尬。華特說失去家人之後，朋友因為擔心見到他時不知道該說什麼或做什麼而躲著他，這是最令他難受的事。

「你覺得對方是真正的好朋友，你們也一起經歷了許多事，現在他們卻躲著你，這很傷人。」華特說，「雖然你大概能理解，但同樣地，這也是一種失去。你原本就已失去親人，現在其他人對你敬而遠之，反而讓你失去更多。其實不管他們說出口的話有多糟，都不會比發生在你身上的事還糟。所以比較好的作法是讓**你**知道只要有需要，他們隨時願意幫忙。他們只要一直陪著你，就是最重要的支持。」

除了部分朋友做不到這件事之外，華特發現不顧別人感受的陌生人也很恐怖，那是一種強烈好奇心與恐懼的綜合體。

「你能感覺到別人的目光，或是聽到他們對你的現況說三道四。這很令人難受，因為你不可能每一分鐘都感到哀傷。」他說，「有時候我會跟弟弟去墨爾本的夜店，當時弟弟們都還單身。有些人看到我開懷大笑或開玩笑，在舞池裡開心跳舞的時候，他們真的會說：『你已經走出來了嗎？』或是『你已經好多了嗎？』我會說：『這只是一種散心的方式，打發時間而已。』」

華特告訴我，他覺得自己彷彿活在金魚缸裡。

「路人會突然走過來，沒頭沒尾地對我說：『你不是那個家人在亞瑟港被殺光的人嗎？』這種情況持續了一段時間。這種話，他們想都沒想就脫口而出。看見你的車停在某處，就自己胡亂揣測。旁人不只一次以為我在藥局裡過夜，還說我應該是撐不下去了。」他回憶道。

華特沒有直接說出口的是，別人懷疑他可能會自殺。其實當他們如此猜測的時候，真正在思考的是：如果我是他，我會不會自殺？於是，我對他提出一個非常直

7 私人訪談。二〇一六年八月，華特・米卡奇於連諾克斯岬（Lennox Head）接受作者訪談。在書中提及華特的遭遇時，也引述了他的著作內容：Mikac, W., & Simpson, L., *To Have and to Hold*, Pan Macmillan, Sydney, 1997.

接的問題，因為如果我不問出每個人心裡都在想的那些問題，那我只是在浪費他的時間，浪費這本書每一個訪談對象的時間，也是在浪費讀者的時間。

「最清楚怎麼自殺，也最容易取得自殺藥物的人就是藥師，」我說，「你為什麼覺得人生還值得活下去？」

幸好華特似乎一點都也不覺得這個問題很無禮。

「我一直想到其他罹難者家屬，」他說，「我心想：這些家屬都在艱苦奮戰。他們很心痛，因為他們的孫子或外甥女死了。我覺得我不能這麼做。這件事已經造成夠多傷害。當然我的意思不是從沒想過自殺，只是這種作法實在很糟糕。我一直懷抱著希望：雖然今天或這個星期很難熬，因為訴訟仍在進行，而且這是個充滿創傷的過程，但等到一切結束之後，說不定下個星期我可以走出去創造新的回憶，或是跟其他人分享生活體驗，那就太好了。」

華特告訴我，儘管承受著巨大的痛苦，有時候他覺得自己很幸運。

「我拜訪過一位女士，她叫卡羅．洛頓（Carol Loughton），槍擊案那天她也在咖啡館裡，但她的女兒沒有逃過一劫。[8]」他說。

那天卡羅．洛頓在寬箭咖啡館裡（Broad Arrow Cafe），那是槍擊案最慘烈的現場之一。她本身除了受到嚴重槍傷，心理也遭受重創，因為她的女兒慘死在她面前。

「我每次去看卡羅，都覺得自己很幸運。雖然我失去了娜南特跟兩個女兒，但至少我沒有受傷。只要振作起來，我的人生就能重新開始。」他說。

當然，要振作起來並不容易，有時近乎不可能。雖然有些陌生人跟朋友缺乏同理心，但社群也發揮了超凡的凝聚力。槍擊案發生後的那幾個星期，天天都有人送食物到華特家。華特收到來自世界各地的慰問信，數量多達三千封。還有各種禮物：絨毛玩具、宗教物品、大額捐款。澳洲藥局公會（The Pharmacy Guild of Australia）特別慷慨，華特悲痛到無法上班的那段時間，他們徵招澳洲各地藥劑師來幫忙看顧華特的小藥局。

「我覺得愧不敢當，」他說，「這證明世上的好人比壞人多很多。這件事確實恢復了我對人性的信心。」

另一個社群凝聚力的例子是，華特經由介紹認識了在蘇格蘭的鄧布蘭小學槍擊

8 https://www.theage.com.au/news/national/a-daughter-gone-a-life-in-ruins/2006/03/31/1143441339508.html（二〇一八年一月二十九日存取）

案（Dunblane school massacre）中失去孩子的父親們。（此案的發生時間跟亞瑟港槍擊案很接近，兇手殺死了十六名學童和一位老師，是英國史上最嚴重的兇殺事件。）有幾位父親造訪澳洲，華特跟他們成了好朋友。後來華特也跟弟弟一起去了蘇格蘭，與罹難者家屬碰面。

「在那之前，我以為這世上沒人了解我的感受。跟他們相處很療癒，我們能夠分享心情，一起流淚，說出你無法對家人訴說的事，因為這些想法太可怕或太黑暗，你不想給其他人造成負擔。」

華特明白悲劇也會發生在其他人身上，他看著這些人跟他踏上相同的旅程：震驚、哀慟、媒體的侵擾、大眾的反應、活下去的努力。他覺得自己跟他們很有共鳴。

「上個月我在《好週末》（*Good Weekend*）雜誌上看到一篇文章，裡面提到一個叫做麥特．葛林斯基（Matt Golinski）的人。[9]」華特說。（麥特．葛林斯基是一名廚師，住在昆士蘭的陽光海岸〔Sunshine Coast〕。他家發生火災，在試著救出妻子和三名女兒時嚴重燒傷，但最後妻女都罹難了。）「我把那篇文章撕下來，訂閱了他的網站，希望他看見我的名字，會主動跟我聯絡。我非常願意跟他聊一聊，告訴他雖然一切都變了，但人生仍有希望。」

我深受感動，華特如此貼心。他沒有直接跟麥特・葛林斯基聯絡，而是用這麼委婉的方式聯絡麥特。失去妻女二十年的華特，確實有很多值得分享的生命智慧。他成功重建了人生。他再婚之後育有一女，現在住在海邊，盡量每天游泳一次。他跟一位事業夥伴合開了一家藥局，所以工作一週，休息一週。他家附近有不少居民甚至對他的過往毫無所知，在他們眼中，他只是藥劑師華特。

「事過境遷二十年，第一年的悲痛跟現在相比有何不同？」我問。

「第一年，我活得行屍走肉，完全不知道未來何去何從。過了二十年，現在的感覺大概比較像手術的傷疤，你看得見疤痕就在那裡。你經歷過情緒的起起伏伏，但是你很好。我依然會想到，如果女兒活到現在會是什麼模樣，她們可能已經大學畢業。我天天都會想到她們，想到無法實現的可能性，想到她們會變成怎樣的大人。有時候，我只是非常希望能抱抱她們。」

想抱抱女兒的這個簡單希望，使我在訪談過程中幾乎快要潰堤。我看得出來，

9 華特說的這篇文章是：https://www.smh.com.au/good-weekend/matt-golinskis-recovery-effort-20160527-gp5w9a.html（二〇一七年三月二十八日存取）

華特也極度悲傷。

「你還會問自己為什麼這件事發生在你身上嗎？」我用顫抖的聲音問道。「你如何停止問自己這個問題？」

「只能盡量努力，我還是會問。例如，要是我沒把車開走，她們就不會出現在那裡（因為步行離開亞瑟港，所以容易成為槍擊目標），而且這個想法或許是真的。類似的想法沒有消失，偶爾仍會在腦海中浮現。但只要你接受了人死不能復生的事實，就能堅強地思考這些問題而不至於崩潰。」他說。

我問他是否害怕又有所愛的人死去，使他承受更多痛苦。

「我個人並不怕死，」華特說，「我想，曾經近距離看見死亡，會知道死在所難免。但我確實很珍惜時間，想好好疼愛母親，盡量讓她高興，因為這個機會不會永遠存在。我從自己的遭遇中學到最重要的一課是，你不知道人生何時會改變。說不定是今天，說不定是明天，一切隨時可能消失。」

失去家人之後，華特想要與人群保持聯繫，而不是離群索居，儘管這麼做某些方面會增加他的痛苦。他非常渴望找到一種方式來紀念娜南特、艾蓮娜與瑪德蓮。雖然他並非自願成為公眾人物，但他的第一個想法是利用這個身分支持澳洲政府改革槍枝法。說到應付媒體，華特記得最初自己感到很無助、很好騙，經常被利用。過了一段時間，他才知道如何設定界線，把訪問導向他想關注的議題。槍枝法成功改革之後，他成立了艾蓮娜與瑪德蓮基金會（Alannah & Madeline Foundation）[10]，幫助受暴的兒童。

「我向自己、也向娜南特和兩個女兒保證，即使她們已不在人世，我仍要盡最大的努力為她們付出。看見基金會的誕生，看見我們做了那麼多了不起的事幫助其他孩子，真的很感動。」華特說。

「大家都記得她們的名字，她們沒有離開。」我說。

「這對我的幫助超乎想像。她們以一種良善的、正面的方式被人記住，而且在我死後也不會停止。這讓我們的付出變得更有成就感、更特別。」

我們碰面的前一晚，我做了一個噩夢，華特在夢中來到我家。他坐著輪椅，身體看起來很羸弱，彷彿得了退化性疾病。就連牙齒也是又黃又爛。我的潛意識似乎無法想像，經歷了這麼多苦難，竟然從華特的外表看不出任何跡象。跟他碰面之後，

10 若想深入了解基金會的工作，可參考：https://www.amf.org.au/

我不再害怕那些阻礙一個人邁向未來的事。

在遭逢如此嚴重的創傷之後，人類還是可以找到繼續前進的方法。與了解你的遭遇的人分享心情，顯然有幫助。找到人生目標也有幫助。華特內心深處的傷痛還在，但他不再是新聞畫面裡那個拿著鳶尾花、猶如行屍走肉般的男人。他過著幸福而有意義的生活，並且樂在其中。我們在酒館外互道晚安時，我有一種安心的感覺，因為我知道華特．米卡奇雖然遭受了人生最殘酷的打擊，但是他挺住了。

❖ ❖ ❖

當社會大眾得知類似華特遭逢的悲劇後，「也可能發生在我身上」的想法很快就取代成「如果發生在我身上，我肯定挺不住」。由此可見，我們很容易認為自己是例外，華特挺得住家破人亡，我挺不住。華特這樣的人之所以在無意間成為名人，是因為大眾病態地想要知道別人如何應付他們自己難以想像的困境。這麼做可以在不用親身體驗的情況下，讓大腦與生命最難解的真相搏鬥，而那真相就是：現況可能瞬間崩潰瓦解。朋友與陌生人的態度令華特痛苦，從這樣的痛苦中，華特發現很多人無法接受如此地靠近真相。

像亞瑟港槍擊案這樣震驚全國的慘劇，會引發巨大的漣漪效應。[11]從受害者到急救人員，親屬、朋友到當地居民都會受影響。連透過電視看見那種恐怖的我們，也會被淹沒。除了帶來絕望與無助感，還會造成集體創傷，因為支撐社會安全運作的價值觀（互信、公共安全、可靠的常規）已被撕毀。我們想用最快的速度，急切地修補傷口。

在「回歸正常」這股強烈動力的推動下，社會大眾會出現怎樣的行為模式，如同每個人的大腦對可怕事件的反應一樣，都是可預測的。有兩種集體行為會伴隨著悲劇出現：團結，以及從已發生的事件中找到正面意義。

面對失去時，與他人建立情感連結的需求，幾乎在每一種文化裡都看得到。西

11 關於這幾個問題，我的想法部分參考以下讀物：Nicholls, S., 'The Role of Communication in Supporting Resilient Communities,' in Cork, S., (ed.) *Resilience and Transformation: Preparing Australia for an Uncertain Future*, CSIRO Publishing, 2010, Canberra, pp 181-187; Eyre, A., *Literature and Best Practice Review and Assessment: Identifying People's Needs in Major Emergencies and Best Practice in Humanitarian Response*, UK Department for Culture, Media and Sport, 2006, London.

方社會最常見的作法之一，是自發地擺放花束、卡片、蠟燭或玩具紀念死者。[12] 戴安娜王妃過世後，白金漢宮外面放了五千多束花。一九九九年美國發生了科倫拜中學槍擊事件（Columbine High School massacre），相關單位從案發現場清走的紀念物品超過二十萬件。

會出現這樣的行為，是因為分享悲傷能幫助他們找到團結與意義。造訪這些臨時紀念地點的動機很強，人數過多可能會造成公共安全上的問題。政府與警方總是試著管理悲傷的群眾，而不是疏散他們，因為社會的集體療癒和群眾自由地表達悲傷是互相連結的。這是極度脆弱的時刻，阻止群眾造訪這些自動形成的紀念地點，可能會把群眾的悲痛轉化成憤怒或有害的情緒。只要妥善管理，紀念地點就能成為提供力量與支持的地方。

林德咖啡館事件過後，雪梨的馬丁廣場很快地變成一片花海。案發數日後的有天晚上，我在附近參加工作上的活動到深夜。時近午夜，我孤身來到紀念地點。我也不知道我來這裡幹嘛，或許是好奇，又或許是需要再次確定一切都會好起來。我一直記得柔和的夜晚空氣中，飄著濃郁的花香味。即使已經那麼晚了，還有許多人在附近徘徊。令我驚訝的是，站在這裡真的能受到撫慰。它讓我感覺到，仁慈與團結終將戰勝毀滅。你彷彿真的看見社會結構一點一點修復重建。

最了解你的人，就是跟你有過相同遭遇的人。華特．米卡奇與鄧布蘭小學槍擊案的父親們碰面時，就有這種感受。情緒上的連結對復原有幫助，行之有年的互助團體就是奠基於這樣的觀念，其中最有名的是匿名戒酒協會（Alcoholics Anonymous），但今日類似的互助團體很多，包括犯罪受害者、癌童家長等等。

有了網路之後，你不用親身參加互助團體。網路上有幾十萬個線上互助團體，[13]包羅萬象。阿茲海默症患者的孩子能互相聯絡，甚至連有嚴重看牙醫焦慮的人也有聯絡管道。線上互助團體通常不會有受過訓練的專業人士提供諮商，但這些團體具備面對面互動缺少的好處。[14]匿名讓大家毫無顧忌、暢所欲言。在網路論壇

---

12 Whitton, S., 'Exploring the Role of Memorialising in Disaster Recovery', Winston Chuchill Memorial Trust for Australia, Canberra, 3 Oct 2016. https://www.churchilltrust.com.au/fellows/detail/4086/Shona+Whitton（二〇一七年二月五日存取）；Eyre，著作同註11。

13 Barak, A., Boniel-Nissim, M., & Suler, J., 'Fostering Empowerment in Online Support Groups', *Computers in Human Behavior, 24*(5), 2008, pp 1867-1883. http://doi.org/10.1016/j.chb.2008.02.004

14 Barak, A., Boniel-Nissim, M., & Suler, J.，著作同上；Fox, S., & Fallows, D., *Internet Health Resources*, Pew Internet & American Life Project, 2003, Washington DC, 取自http://www.pewinternet.org

或臉書發文，對紓發情緒也有幫助。無論在數位世界還是真實世界，參與都能幫助我們找回掌控感、身心健康與自信。對某些參與者來說，提供支持跟接受支持同樣能帶來撫慰。

建立情感連結的渴望，與看見悲劇中的正面意義的渴望密切相關。對正式調查或改變的要求，可能會訴諸到法律層面，目的是避免類似的悲劇再度發生，亞瑟港槍擊案發生後的槍枝法改革就是一例。有時候，擁有共同悲慘經歷的人會攜手成立慈善組織。無論是多發性硬化症還是肺癌，許多慈善組織從志工到募款都非常仰賴親身受到影響的人。二〇一七年澳洲的一項調查詢問健康相關研究或醫療研究的捐款人，為什麼要捐款。[15]有高達百分之八十七的人說，原因是他們自己或親友曾罹患相同病症。另一項於前一年進行的調查範圍更廣，涵蓋健康在內的各類慈善名目。[16]這項調查發現，有三分之二的捐款來自親友曾受相關主題影響的人。

遺憾的是悲劇發生後，社會參與不全然是件好事。如同華特．米卡奇的經歷，金魚缸效應[17]跟陌生人的缺乏同理心，都可能造成深刻傷害。距離災難僅一步之遙的我們，若是透過媒體吸收了太多災難資訊，也有可能受傷。無數的研究發現，媒體持續報導災難事件對大眾心理健康有害，[18]例如一九九〇年的波灣戰爭、一九九五年的俄克拉荷馬市爆炸案、二〇〇一年的九一一恐怖攻擊、二〇一二年的桑迪胡克小學槍擊案（Sandy Hook Elementary School massacre），以及二〇一三年的波士頓馬拉松爆炸案。光是重複觀看災難影片，任何人都可能跟事件相關人士一樣出現創傷後壓力症狀。九一一事件發生後，目擊者透過社群媒分享未經處理的即時影片，恐攻的畫面因此更加令人惶惶不安。

直接受到九一一影響的人數以萬計，但集體創傷的影響範圍更廣。全球有數以百萬計的人在電視上看到恐攻畫面，這些痛苦的畫面簡直無孔不入，而且許多畫面是現場直播。我們目睹第二架客機撞擊世貿中心的實況，我們看見從燃燒的大樓裡往外跳的人，他們寧願自殺也不願等死。我們看見流著血、一臉茫然的人群在紐

---

15 這項調查叫〈Australia Speaks〉，委託單位是Research Australia，時間是二〇一七年。執行問卷調查的單位是Roy Morgan Research。

16 *Giving Australia 2016: Philanthropy and Philanthropists*, Queensland University of Technology, & Swinburne University of Technology, April 2017.

17 編注：魚缸的透明程度，讓人們能清楚觀察裡面的一舉一動。

18 Holman, E.A., Garfin, D.R., & Silver, R.C., 'Media's Role in Broadcasting Acute Stress Following the Boston Marathon Bombings', *PNAS*（*Proceedings of the National Academy of Sciences*）, *iii*(1), 2014, pp 93-98.

約街頭步履蹣跚、倉皇奔逃，尋找安全地點。我相信並非只有我一個人清楚記得看見這些畫面時自己身在何處，並且對接下來將發生的事深感恐懼。艾菲爾鐵塔被炸掉？澳洲的飛機撞擊雪梨港大橋？儘管我住在地球的另一端，但我的整個世界彷彿正在崩塌。

針對九一一事件電視報導的研究特別全面。有一項二〇〇一年展開的研究檢視了九百三十一名美國人的心理健康，時間涵蓋九一一事件發生之前到事發兩年之後（目的是平衡原本的心理狀況）。[19]大部分的受試者與事件並無直接關聯，但是都看過現場直播或相關報導。有五分之四的受試者說，他們出現的症狀包括憂傷、脆弱的感覺加劇等等。許多症狀在九一一事件結束幾個星期、甚至幾個月之後仍未消失，受試者強烈渴望從事件中找到某種意義。這在以亂倫受害者和突然喪親的人為對象的研究中，也觀察到類似的行為。

波士頓馬拉松爆炸案的研究也有類似的發現。[20]二〇一三年四月十五日，恐怖份子在這場著名的馬拉松終點線引爆了兩枚土製炸彈，導致三人喪命，數百人受傷。這是九一一事件發生後，第一起發生於美國的重大恐攻事件。記者與現場觀眾用手機拍下一片混亂的現場，聳動的畫面到處流竄。研究人員發現，與事件關係密切的人觀看事件畫面的頻率愈高，心理傷痛與心理問題的程度就愈嚴重。這不令人意外，但值得注意的是，有證據顯示與事件沒有直接關聯的人也有相同反應。無論是真實接觸還是只看影片，都會出現創傷後壓力的症狀，包括情境再現（〔flashback〕無法控制地在腦海中重複播放看過的畫面）以及恐懼制約（對與創傷有關的活動產生後天恐懼，例如跟一大群人在一起）。

好消息是，大眾通常擁有良好的復原力。[21] 感受到「劇烈」壓力的人很少，而且恢復得也很快。多數人都能在短期的心理傷痛之後適應、調整，然後繼續前進。不過，有些事情能幫助我們加速復原：我們必須看到當局派人控制住情況，需要建立情感連結的空間，需要有人引導我們看見悲劇的正面意義，聽見描述我們的感受、令我們安心的話語。換句話說，我們需要強而有力的領導者。碰到重大災難，這個角色通常會落在政治人物身上。

19 Updegraff, J.A., & Holman, E.A., 'Searching for and Finding Meaning in Collective Trauma: Results from a National Longitudinal Study of the 9/11 Attacks', *Journal of Personality and Social Psychology, 95*(3), 2008, pp 709-722. http://doi.org/10.1037/0022-3514.95.3.709

20 Holman，著作同註18。

21 同上註；Eyre，著作同註11。

若有好的領導者確實做到上述的這些事，社會就能踏上復原之路。[22] 對在這種時刻肩負責任的領導者來說，這是艱難且風險很高的工作，因為大眾的關注度特別高，情緒也不穩定。是什麼讓一個人有能力，在發生不尋常的公共災難時安撫整個國家？他們怎麼知道該說什麼，該做什麼？他們很可能也跟大家一樣心慌意亂，在這種情況下，他們從哪裡得到力量完成這些事？

觀看亞瑟港槍擊案的二十年紀念活動時，我好像找到了能夠回答這些問題的人：一位在追悼人群中步履蹣跚、穿著黑色風衣的白髮男士。

❖ ❖ ❖

澳洲前總理約翰・霍華德（John Howard）是這場紀念活動正式邀請的唯一一個人，目的是感謝和讚揚他在那段時期扮演稱職的國家領袖。他不顧同黨同志的強硬反對，改革了澳洲的槍枝法。他與華特・米卡奇等社運人士攜手合作，確保澳洲不會再發生像亞瑟港槍擊案一樣的大規模屠殺。（華特沒有參加二十年紀念活動，在大眾目光下活了這麼多年之後，他用自己的方式私下紀念。）

除了戰時，約翰・霍華德是任期內國民喪生人數最多的澳洲總理。[23] 部分是因為他當總理的時間很長（一九九六年至二〇〇七年），在澳洲史上排名第二；部分是因為他任內異常地發生了多起大規模死亡事件。他擔任總理的頭兩年就碰到引發關注的天災人禍。除了三十五人罹難的亞瑟港槍擊事件之外，還有發生在唐斯維（Townsville）的黑鷹直升機墜落事件，導致十八名士兵喪生；特瑞坡的土石流事件，同樣死了十八人。美國九一一事件與二〇〇二年峇里島爆炸案，也都發生在霍華德任內。前者有十一名澳洲人喪命，後者是八十八人。除此之外，還有許多規模較小的災難。

霍華德的辦公室位在摩天大樓的高樓層，俯瞰雪梨港。跟他相約喝茶的那天，我問他總理在這樣的時期應該扮演怎樣的角色。

22 關於危機時刻的領導能力，參考了以下的文章：https://hbr.org/2011/01/how-a-good-leader-reacts-to-a; https://www.oxfordhandbooks.com/view/10.1093/oxfordhb/9780199653881.001.0001/oxfordhb-9780199653881-e-035

23 為了寫出這句話，我親自查過每一任非戰時總理，發現霍華德是任內死亡人數最多的澳洲總理。雪梨大學的澳洲史教授詹姆斯・柯蘭（James Curran）在寫給我的電子郵件中證實了我的分析結果。霍華德本身對澳洲政治史充滿興趣。我曾請他自己估算看看，他也認為我的分析無誤。

「你必須從國家的角度來考慮事件本身，」他說，「國家的角度因事件而異。取決於事件本身對國家來說是否具有重要性，或是它是否意味著公眾態度或公共政策必須改變。」[24]

約翰・霍華德剛成為總理時，媒體才剛剛開始二十四小時循環播放新聞。雖然美國有線電視新聞網CNN從一九八〇年就開始這麼做，但是直到一九九一年波灣戰爭期間，CNN從巴格達二十四小時直播新聞，才徹底改變了新聞產業。這改變了觀眾對電視新聞的期待，也改變了電視台對生產新聞內容的觀念。一九九六年澳洲的天空新聞（Sky News）開始採取類似作法，剛好就在霍華德當選總理的一個月前。天空新聞是澳洲第一家全新聞頻道，而且僅此一家的情況持續了很多年。

霍華德擔任總理時，ABC與商業電視台除了觀眾數以百萬計的招牌夜間新聞之外，日間也增加了許多新聞快報。很快地，報社也開始在網路上刊出即時新聞，不再是一天出刊一次。不斷填空的需求，意味著媒體對內容的胃口成了無底洞，他們需要源源不絕的新訊息跟照片來不斷更新新聞，鼓勵消費者繼續收看或點閱新聞。這進一步改變政治人物與媒體打交道的方式，他們應媒體要求發言評論，也把握機會利用媒體對於新聞的需求實現自己的計畫。

霍華德是澳洲進入新媒體時代後，第一個領導澳洲的總理。公眾總是期待政治人物在危機時刻，發揮團結民心的作用。但是天災人禍對社會造成的衝擊已被普遍放大，媒體滾動報導重大新聞，例如特瑞坡土石流、戴安娜之死與九一一事件，媒體期待政治領袖發表評論。一九八〇年代，艾札莉亞．張伯倫失蹤之後，媒體並沒有不斷要求當時的總理鮑勃．霍克（Bob Hawke）發表看法。約翰．藍儂過世時，當時的澳洲總理馬爾康．弗雷澤（Malcom Fraser）不需要擠出什麼深刻的感想。若這些新聞事件發生在今日，媒體肯定會期待總理說些什麼。而且這不只是為了滿足新聞需求，也是因為有很多觀眾希望領袖能幫助他們理解新聞事件。

「大眾需要某個人說出他們的感受，」霍華德說，「你必須努力找到正確的詞句，這並不容易。」

霍華德經常強調勇氣、家庭與團結互助。[25] 在他看來，這些特質是澳洲的核心精神，他試著藉由國家認同幫助國民建立情感連結。他召開的記者會很多都展示國

---

24 私人訪談。二〇一六年七月，約翰．霍華德於雪梨接受作者訪談。

25 Gillman, S., 'Heroes, Mates and Family: How Tragedy Teaches Us About Being Australian', *Cultural Studies Review, 16*(1), 2010, pp 240-250.

旗，公開的紀念活動也一定會播放國歌。霍華德的作法似乎是想把澳洲國民凝聚成一個大家庭，他扮演的角色則是可靠的父親。

霍華德的發言經常即興揮灑，發自肺腑。二〇〇二年峇里島爆炸案發生後，十月二十四日他在議會的大會堂發表了演講，可看出他安撫國民的典型風格：

> ……透過這個事件，我們對這個國家又多了一點認識。它使我們想起，我們早已知道與理解的澳洲本色與個性。它使我們想起，在澳洲生活的信念就是碰到危機時團結一心。因為團結互助，所以傷者在爆炸後四十八小時內就被送回澳洲。事發後那幾天的支援機制，讓我們看到澳洲人了不起的互助精神。
>
> 另一個了不起的澳洲特色，是勇敢無懼。我們不會被嚇到沒辦法好好過日子。澳洲的年輕人不會因此就不再旅行。我們不會放棄讓澳洲人贏得國際尊重的價值觀。我們會繼續行使被視為澳洲人與生俱來的權利，過我們應過的生活。這個事件也讓我們看見澳洲人的寬大為懷。儘管深感悲憤，澳洲人也不會忘卻開放與寬容的精神，因為這是澳洲人的偉大特質之一。[26]

霍華德擔任總理期間，記者發現他在面臨全國危機的時候不但擅長適切發言，也能完美掌握恰當的克制與真誠。坎培拉的國會線新聞記者米莎．舒伯特（Misha Schubert）在《年代》（*The Age*）一書中寫道：「衣冠楚楚的政治人物擁抱粗壯的重機騎士與頂著黑人辮子頭的年輕女子，這種罕見的畫面會讓你一下子愣住。但是在痛苦與失去的艱難時刻，他的肢體動作總是那麼恰到好處。」[27]

霍華德略顯笨拙的真誠贏得許多選民的心，[28] 通常在全國性的災難發生之後，他的民調聲望都會上升。亞瑟港槍擊案之後，他的民調支持度高達百分之六十七；九一一事件發生後，他的支持度達百分之六十一；二〇〇四年南亞海嘯之後的數字是百分之六十三。這麼高的支持度在政治人物身上非常少見，尤其是在執政八年之後。霍華德在危機後支持度不降反升，他的政治對手以此諷刺他，說他是利用天災人禍收

---

26 二〇〇二年十月二十四日國家紀念儀式總理發言。https://parlinfo.aph.gov.au/parlInfo/search/display/display.w3p;query=Id:%22media/pressrel/SBP76%22（二〇一六年八月二十五日存取）

27 Schubert, M., 'PM's Arms Not All-embracing', *The Age*, 16, January 2005, p 17.

28 霍華德的民調數據與前總理保羅．基廷的評論，均出自這篇報導：Harcher, P., 'The Prime Minister We Had to Have', *Sydney Morning Herald*, 28 May 2005, p 27. http://doi.org/10.1017/CBO9781107415324.004

割政治利益的高手。

我念了一條這樣的評論念給霍華德聽，來自他的政敵兼前任總理保羅・基廷：「（霍華德）總是在以下這些場合出沒：國內或國際的重大災難，簡直就是白夫人葬儀社（White Lady Funerals）[29]的代言人。他把悲傷與哀痛變成一種表演藝術。」

「他確實說過這些話，對吧？他肯定是覺得自己特別沒有存在感。」霍華德不屑地說。「我是不是故意做這些事？當然不是。我絕對不想被人指控，說我利用什麼事情來圖利。我反而提醒自己不要做得太過，但我也知道人們期待總理說些什麼。」

「沒有默不作聲的選項嗎？」我問。

「沒有。重要的是，找到適當的字句來表達。」

「我回顧了你在這些事件後發表的言論，你經常把話題拉回到家庭上。為什麼？」

「在人的一生中，認同感最高的東西就是家庭。發生這樣的事件時，你都會覺得自己的家庭岌岌可危。」

「你有這種感覺嗎？」

「對，但是你不能允許這樣的念頭過度占據腦海。這是人性，否則你會變得動彈不得。」

說起霍華德的個人經歷，其實從未發生幫助他擔任「首席哀悼長」的事情。套一句麥克．史賓斯說過的話，霍華德過得很「平順」。他沒有心理學、醫學、創傷或喪親諮詢的專業背景或訓練。他成為總理的時候已經五十六歲，而且當時的他很幸運，因為他只經歷過意料之內的傷痛，例如父母的逝去。他的三個孩子都很健康，婚姻與事業都很順遂（他做的選擇都很四平八穩）。就算偶爾碰到什麼似乎不太順的事情，最後都能否極泰來。一九六八年霍華德競選新南威爾斯州議員時，以四百二十票之差，在德蘭莫因區（Drummoyne）敗選。[30]若不是這次落敗，一九七四年他就無法在本尼朗選區（Bennelong）參選聯邦議員，也很可能沒有機會成為澳洲總理。霍華德的生命中只有一個小問題，那就是他的一隻耳朵聽力不佳。儘管如此，他依然是幸運的，因為科技在他有生之年已進步到能讓他的聽力幾乎不受障礙。

29 譯註：白夫人葬儀社（White Lady Funerals）是澳洲知名的殯葬業者。
30 Leigh，著作同第一章註5。

霍華德相信，或許幫助他憑藉直覺回應創傷的功臣，是在當上總理之前，曾當過多年聯邦議員的經歷。

「民眾會來找你討論事情。通常他們來找我討論某個事件的時候，一開始不會把我當成普通人，但討論到後來就慢慢變成那樣子了。我碰過不少父母來找我談孩子自殺的情況。」他回憶道。

他剛成為總理時，剛好碰到這輩子第一個可能足以改變人生的打擊：他摯愛的妻子珍奈特（Janette）罹患了卵巢癌。雖然當時這個消息沒有公開，但是霍華德一家人都深受震撼。無疑地，這件事使他對人類的脆弱多少有些體會。

「我們家用一種非常開放的態度面對這件事。我們跟孩子們討論，盡可能開誠布公，我們非常實際。」他說，「珍奈特說：『我們只能懷抱著希望繼續前進。』她在健康大受影響的時候對我這麼說，事有輕重緩急，這才是她在乎的重點。」

「那你呢？」我問。

「這件事讓我體會到生命有多脆弱，我非常感恩。我想對我們兩個來說，總理這份忙碌的新工作或許也幫了忙。當然，有好幾個月的時間，她沒有跟我一起出席任何活動。幸運的是，她碰到一位優秀的外科醫生，一直沒有發生我們擔心的癌症復發。現在已超過二十年，她非常幸運。」

無論是在私領域或公領域，霍華德個人的悲傷體驗都很有限，這表示他必須在工作中快速學習。雖然他不認識那些有悲慘遭遇的人，但是對許多人來說，總理彷彿是他們真的認識的人。

「總理或任何一個公職人員最不應該做的，就是缺乏自信或猶豫不決，這會加深大眾的悲傷。你的存在是為了幫助他們，而不是增加他們的問題。」他語氣堅定地說。

「你有沒有覺得自己必須堅強，不能哭？」我問。

「我認為應該明白他們有宣洩情緒的需求，必須要有這樣的敏感度。如果無法與他們交談或是提供某種具體安慰，恐怕幫助不大。我不介意別人在我的懷抱裡哭泣，這種事很常發生。某方面而言，我鼓勵他們這麼做。他們很傷心，這才是最重要的，你必須幫他們處理這件事。」

霍華德最有名的政治能力，是他懂得判讀澳洲國民的集體情緒。景仰他的人會說，他一直走在最前面。討厭他的人會說，他只是在玩弄民意。他跟我分享了他如何讓直覺引導行動，而他的描述大致符合專業人士的建議。他與喪親的人見面時，會試著根據對方的反應來跟對方互動，不會預設立場。

「我非常注意一件事，那就是別人對你的期待因人而異。有些人想要一個擁抱，有些人想要跟你握手，有些人只想跟你聊一聊。這取決於每個人的個性。」

「你如何判斷？」我問。

「你得自己想辦法。」霍華德的語氣依然堅定（政治對手口中的「頑固」）。「我記得我花了很多時間跟峇里島爆炸案的罹難者家屬談話，他們非常想要討論這件事，聊聊爆炸案的經過，還有他們的孩子在喪生之前可能做了哪些事。」

一場災難奪走的人命愈多，就愈容易成為國民意識的決定性時刻。但我問了霍華德另一個問題：為什麼一個人的死亡有可能愈演愈烈，最後變成重大社會事件？例如二〇一二年，十八歲的雪梨男孩湯瑪士・凱利（Thomas Kelly）在國王十字區（Kings Cross）的街上被陌生人一拳打死。以此案為導火線，促成新南威爾斯備受爭議的「宵禁法」（lock out laws），酒館與夜店從凌晨一點半開始不再接新客，酒精飲料只能供應到凌晨三點。另一個例子是菲利浦・休斯的板球意外，休斯的死因是板球擊中頭部，位置剛好是頭盔沒有遮擋到的地方。他不是名人，他的死對公共政策毫無影響，卻震撼全國。

「我認為是他們的死以及與死因相關的情況，在民眾心中認同感的程度有多高，另外就是這些情況是否極度不公平。以湯瑪士．凱利為例，一個跟女伴初次約會的好青年，他跟女孩手牽手走在街上，嘴裡哼著歌。突然間，他就這樣死了。任何父母看到這個新聞都會有反應，」霍華德說，「他的行為完全正常，沒有做錯事卻橫遭災禍，這會對民眾造成巨大衝擊。菲利浦．休斯的死，則是一場罕見的意外。」

霍華德依然非常關注那些因為他的決定而喪生的澳洲人。澳洲加入由美國主導的阿富汗與伊拉克戰爭就是他的決定，最終造成四十四名澳洲軍人喪生，[31]也令他們的家屬痛苦至今。

「有一件事，我從離開總理職位之後持續做到現在：每次有軍人在阿富汗喪生，我都會寫信。我會寄一封親筆信給他的父母、妻子或其他親人。可能因為他們是我派去的。」他說。

「知道有人因為你的決定而死，是很沉重的心理負擔嗎？」

「是的，你不會草率做決定。我認為我做過的每一個決定都是正確的，我不後

31 https://www.awm.gov.au/encyclopedia/war_casualties/（二〇一六年九月二日存取）

悔自己做過那些決定，但我確實認為自己有責任。」

在我寫作的此刻，約翰・霍華德已年近八十。澳洲知名作家海倫・加納（Helen Garner）曾如此形容自己：過去愈來愈長，未來愈來愈短。[32]這句話也適用在霍華德身上。他不是特別喜歡反思的人，也不愛去想「當初要是如何如何會怎樣」，但是他明確察覺到生命已進入暮年。

「你有沒有想過自己會死？」這問題大膽到連我自己都有點不好意思。

「有啊，我跟普通人一樣會生老病死。」他說。

「你怕死嗎？」

「不怕。我不可能阻擋死亡。」他說，一個標準霍華德風格的答案。

同樣令我吃驚的是，霍華德擔任總理時曾目睹許多令人心碎的事件，但他自己的人生卻相當光明燦爛。他不但幾乎無病無痛地活到將近八十歲，還擁有生命中最珍貴的東西：健康、家人、快樂、功成名就、財務穩定、有趣的經歷。

「回顧過往，你的這一生過得相當精采，你的運氣一直很好。」我說。

「我的運氣好得不得了。」他表示同意。

「你覺得這是命中注定嗎？這是上帝為你安排的計畫嗎？還是隨機的碰運氣？」

霍華德想了一下。「是毅力、一點能力加上好運。或許我也比一般的政治人物更了解澳洲人的民族性，我在非常穩定的家庭裡長大。後來跟珍奈特與三個孩子也過得很幸福，這是我最心滿意足的成就。」他說。

我開始收拾東西，準備離開。

「我確實一直很幸運，不過在某些方面運氣不太好。我想打好板球，卻一直打得很差。」他笑道。

「從大局看來，算是小小的犧牲？」

「是啊，一個微不足道的犧牲。」前總理一邊愉快地同意，一邊與我握手話別。

---

32 Garner, H., *Everywhere I Look*, Text Publishing, 2016, Melbourne, p 212.

第三章
風暴中心

你閱讀這本書，就是把信任交給做為記者的我。你願意繼續往下看，表示你相信我對路意莎．荷普、麥克．史賓斯、華特．米卡奇與約翰．霍華德的敘述都是真實的。你相信我正確無誤地轉述他們所說的話，我強調的部分必定基於公平而理性的選擇。你不一定同意我的詮釋或結論，但身為我的讀者，你的自我判斷有賴於我的正確指引。

對作者來說，擁有這樣的影響力令人惶恐。對實況報導全國重大事件的記者來說，這種感受尤其深刻。因為你傳遞的訊息和推斷可能攸關生死，例如，影響某些人決定是否要撤離天災現場。大眾在這些時刻對媒體展現高度信賴。

若要了解我們面對天災人禍時的反應，包括個人與集體反應，就必須先了解媒體如何報導這些事件，以及媒體的報導如何左右我們的想法。媒體對我們個人的安全感及集體復原力都影響至深。

身為業內人士，我非常清楚記者的行為模式，但我對新聞主角的感受一無所知。全國上下都想知道你怎麼了，每個記者都想爭取你的獨家採訪，這是我無法體會的感受。有過這種經驗的人，能否告訴我們劫後餘生的情況。如果我們有足夠的同理心，是否就能想像自己有一天變成那樣的人？

我想起一個曾被媒體暱稱為「冰人」（The Ice Man）的人，於是我寫了一封電子郵件邀請他碰面。

❖ ❖ ❖

「詹姆斯．史考特……詹姆斯．史考特……」我跟朋友說我要飛去布里斯本採訪他，為這本書取材，但大家都想不起他是誰。

「就是那個在喜馬拉雅山失蹤四十三天的醫科學生呀。」我提醒朋友。

回應我的是一臉茫然。

「這可是二十年前的大新聞，也是史上最偉大的生存故事之一。」我急切地說。

「呃，好像有點模糊的印象。」朋友說。

「就是靠一條瑪氏巧克力棒（Mars Bar）活下來的那個人呀！」我終於提高音量。

「喔，我想起來了！」

幾乎每個人的反應都是如此。

一九九二年布里斯本的醫科學生詹姆斯．史考特在尼泊爾失蹤後獲救，這是我記者生涯中最重大的新聞之一。他能活下來非比尋常，甚至有一本美國的醫學期刊說，他的存活因素超出科學能解釋的範圍。[1] 但大部分的澳洲人只記得一件事：聽說他的背包裡有一條瑪氏巧克力棒。

偷偷告訴你：其實不是瑪氏巧克力棒。詹姆斯．史考特的生存故事裡最有名的這個小細節是假的。這件事我們待會兒再說。

今天的詹姆斯．史考特是昆士蘭大學的副教授，也是備受崇敬的精神科醫生，在皇家布里斯本醫院服務，專精於兒童與青少年心理健康。雖然喜馬拉雅山的那場災難距今將近二十五年，但直到現在，瑪氏巧克力棒的笑話他差不多每兩個星期就會聽到一次。

「我這個星期去看了電影《薩利機長：哈德遜奇蹟》（*Sully*），你看過了嗎？」詹姆斯問我。[2]我們在他的辦公室碰面，這裡離他工作的醫院不遠。他頂著短短的紅髮，笑容稚氣，看起來既聰明又好奇。

「還沒，不過我很想看。」我說。

湯姆．漢克（Tom Hanks）在這部電影裡飾演全美航空的機長切斯利．薩倫伯格（Chesley Sullenberger），綽號薩利。二〇〇九年他駕駛的大型噴射客機撞上一群野雁，造成兩具引擎停擺，最後迫降在哈德遜河上。不可思議的是，機上一百五十五人全數生還。

「快去看，是部好片。我覺得特別有共鳴的橋段，是他在一間酒吧裡，大家都對他很親切，說著『見到你真開心』之類的話。」詹姆斯說。「接著有人說：『我們有一款以你命名的調酒，就叫薩利。原料是野雁啤酒（Wild Goose）加少許的水。』

1 Scott, J.G. & Zimmerman, M.D., 'Survival: Case History', *Annals of Internal Medicine*, 127(5), 1997, pp 405-409.

2 私人訪談。二〇一六年九月，詹姆斯．史考特於布里斯本接受作者訪談。

這是在開野雁撞擊客機的玩笑，大家都覺得很有趣，但薩利不覺得好笑。其實，每次聽到有人開瑪氏巧克力棒的玩笑時，我也有這種感覺。」

瑪氏巧克力棒之所以令人印象深刻，是因為媒體瘋狂報導史考特的奇蹟生還時，這條巧克力棒成了主要細節。從他獲救的那一刻起，他經歷的一切都印證了對無意間捲入不尋常事件的普通人來說，媒體的高度關注會造成壓力跟傷害。大眾著迷於這些新聞，記者也隨之沉淪，但事件主角可能得為此付出沉重代價。

一九九一年，二十二歲的史考特正在讀醫科的最後一年。他申請了在加德滿都的波爾醫院（Bir Hospital）來完成四星期的選修實習課，打算一邊實習，一邊爬山。十二月二十二日，他前往某個登山步道，途中做了一個極度不幸的決定。他跟一名同伴正打算穿過一個高海拔山隘，此時突然烏雲密布，開始下雪。詹姆斯決定原路回頭，但他的同伴決定穿過山隘。天氣愈來愈惡劣，詹姆斯找不到前一晚過夜的茶屋，他迷路了。一開始他努力尋找可能的出路，但積雪愈來愈深，在山崖上行走極度危險。

詹姆斯原本打算靠步道沿途的茶屋補充食物、水跟住宿，所以迷路之後，他身上的補給品完全不夠。他獲救時奄奄一息，但最令他痛苦的是粗心大意帶來的恥辱與罪惡感，而不是肉體上的創傷。

詹姆斯迷路了四十三天，身體、心理跟情緒都已瀕臨極限。事件發生前，他是一個健康又樂觀的年輕人，但失蹤後他很快地面臨飢餓、脫水與嚴寒，他什麼也做不了，極度痛苦而孤獨的死亡似乎是必然的結局。

他背包裡那條有名的巧克力是吉百利牛奶巧克力（Cadbury Dairy Milk），不是瑪氏。他很早就把巧克力吃掉了，所以巧克力跟他後來的存活無關。他寫了一本書叫《喜馬拉雅迷蹤記》（*Lost in the Himalayas*），他在書中詳述這段悲慘遭遇。他記得他時不時就會拉拉頭髮或捏一下皮膚，提醒自己這樣的疼痛還不算最痛。第一個晚上其實就慘到不行，很難想像他接下來竟然能夠硬撐數週：「我雙手發青，牙齒不停打顫，但這只是第一晚。接下來的許多夜晚，我都身處在超乎想像的寒冷之中。這種冷，不是多數人感受過的表層寒冷。那是一種椎心刺骨的寒冷，彷彿要從體內消滅你的生命。與其說是冷，那種感覺更像痛。在你以為不可能更糟的情況下，情況繼續惡化，痛苦繼續加劇。我以為在如此嚴酷的寒冷之中，我不可能撐過那天晚上。」

詹姆斯對自己發脾氣，想到自己的失蹤一定會讓家人難過，這也使他萬分心痛。他怕自己的屍體永遠不會被發現，害家人更加悲傷。

詹姆斯在山上存活這麼久，當然是個奇蹟，不過也有幾個合理的原因。醫學訓練使他擁有求生的關鍵知識。例如，他先把雪融化了才喝，而且是慢慢喝，避免降低核心體溫。他知道大部分的體溫會從頭部散失，所以用毛巾跟衣服包住頭部。此外，他的個人特質也發揮了作用，尤其是健康的身體與強健的心理。他做的事，都讓他抱持著獲救的希望。他與家人、朋友跟未婚妻的感情很好，他不停寫下自己對他們的愛，寫到筆沒水為止。他盡量用鉅細靡遺的方式，在心中不斷重播快樂的人生片段。心情低落時就拿出老香料體香膏（Old Spice）來聞一聞，因為它有家的味道。他是基督徒，所以他也花很多時間禱告。他覺得練空手道的紀律（他是黑帶）對他的成功求生特別有幫助，他花很多時間在腦海中打「套拳」，一個動作流暢地銜接下一個動作。套拳的動作既精細又複雜，詹姆斯在腦海中打套拳可以打發很多時間。

雖然擁有這麼多好用的工具，待在山上的最後那幾天，詹姆斯還是有了自殺的念頭，他考慮過幾種自殺方式。但就像華特．米卡奇一樣，是家人讓他打消了這個念頭。

一九九二年二月二日，史考特家族最後一次雇用救援直升機在山區地毯式搜索。這麼多天過去了，幾乎所有人都對救援失去希望，或是覺得最好的情況是發現他的屍體。難以置信的是，這次直升機發現虛弱憔悴的詹姆斯。他以為自己的苦難終於結束，沒想到這是另一場苦難的開始。

詹姆斯獲救的那一天，媒體焦點早已轉向其他更精采的新聞事件，大家都以為他已經死了。他生還的消息引發我記者生涯中最激烈的媒體狂熱，板球比賽的直播，因為這名年輕學生的獲救而中斷。媒體競相爭取第一個採訪詹姆斯的機會，也是在這個時候，世界各地的媒體給他封了「冰人」的名號。記者包圍他的家人。詹姆斯在拉利特浦市（Lalitpur）的帕坦醫院（Patan Hospital）接受治療，鄰近加德滿都。帕坦醫院很快就被記者擠得水泄不通。第三世界的醫院即使在最好的狀態下也僅能勉力運作，更何況擠滿了記者與攝影師。有記者嘗試偷取詹姆斯的病例，有攝影師想從窗戶爬進他的病房。有個記者為了混進病房謊稱自己是旅遊保險公司的代表，不過沒有成功。

這場混亂上演的同時，詹姆斯尚未脫離險境。他的體溫過低，連體溫計都測量不到他的體溫，嚴重營養不良使他的器官瀕臨衰竭。他的視覺受到損害，眼前的畫面搖搖晃晃，使他辨認不出人臉。他的情緒高度不穩定，有時會因為獲救而陷入狂喜，有時會因絕望而啜泣，乞求旁人把他送回山裡的那顆岩石底下。

詹姆斯的姊姊喬安（Joanne）飛到尼泊爾陪他，她盡力不讓弟弟受到打擾。直到他從尼泊爾轉院到皇家布里斯本醫院之後，他才意識到情況不太對勁。

「我們先飛到新加坡，我記得有人一直在拍打救護車，還拍了很多照片。回到布里斯本之後，同樣的情況再度發生。我的一個好朋友來探望我，我問他：『最近有什麼大新聞？』他說：『就是你啊。』」詹姆斯回憶道。

「媒體的瘋狂關注是否阻礙了你的復原之路？」我問。

「非常。受到傷害或創傷的人，只想跟自己能信任的人待在一起。媒體跟大眾對我的興趣，意味著我必須跟很多陌生人交談。這對當時的我來說絕非好事。」

「你和家人有媒體界的朋友嗎？或是有跟記者打交道的經驗嗎？」

詹姆斯搖搖頭。我問他：「那你們怎麼知道該怎麼辦？」

「我的家人被電話轟炸。他們試著回應記者的要求，卻發現採訪的要求沒有隨著他們接受訪問的次數而變少，反而愈來愈多。我爸乾脆請求媒體『可以不要那麼逼人嗎？』卻因此飽受批評。媒體說『你憑什麼對我們指手畫腳？』當時我父親在昆士蘭大學工作，他去求助學校的媒體公關人員：『你們能不能幫幫忙？』我想就是在那個時候，報價紛至沓來。如果我願意接受採訪，就能得到報酬。」

錢對詹姆斯來說絕對是個問題。他的家人為了在尼泊爾搜救，花費了數萬澳幣。詹姆斯也非常害怕自己無法回醫學院完成學業，或是將來沒有謀生能力，因為他的視力非常糟糕。他不知道長期而言，自己的健康會有什麼變化。

一方面是因為亟需幫助，另一方面是基於同事的建議，詹姆斯的父親打電話聯絡哈利・米勒（Harry M. Miller）。米勒是一位重量級經紀人，客戶都是澳洲知名人士。他的客戶也包括一夕成名、成為媒體競價邀請的人，例如琳迪・張伯倫。米勒介入後，史考特家立刻如釋重負。一夕之間，媒體的騷擾停止了，因為現在米勒的公司接手所有業務。很快地，經紀人與九號電視台（Nine Networks）的《六十分鐘》（*60 Minutes*）節目達成交易，詹姆斯將在節目上接受有償的獨家專訪。

接下來的事態轉折，讓史考特家的如釋重負很快地被驚恐與擔憂取代。在媒體的描述中，詹姆斯的故事慢慢變成他們認不得的模樣，原本奇蹟似的生還蒙上可疑的陰影：這麼神奇的故事怎麼可能是真的？冰人是不是捏造了這段遭遇？他是不是一個想要騙錢的江湖術士？

這個轉折有三個原因。第一，大眾對這個故事興趣濃厚，但是資訊有空缺，因為詹姆斯尚未復原到能說話的程度，記者只好想方設法維持新聞熱度。第二，九號頻道的競爭對手因為沒有搶到獨家專訪而惱怒，所以想用別的方式降低九號頻道買到的「商品」價值，這個商品當然就是詹姆斯．史考特。業界稱這種作法為「拆台」（spoiler）。（擅長諷刺時事的喜劇節目《新聞前線》〔*Frontline*〕在獨家專訪之後沒多久，就製作了一齣諷刺喜劇：有一名女子在沙漠中迷路數週後幸運生還，被媒體稱為「沙漠天使」〔The Desert Angel〕。但有個節目因為沒搶到採訪她的機會，就故意用「是沙漠天使，還是沙漠魔鬼？」〔Desert Angel – or Desert Devil?〕這樣的標題來拆台。）第三，詹姆斯獲救的幾個星期之前，發生了一起重大詐欺案。住在黃金海岸的費爾莉．艾羅（Fairlie Arrow）假裝自己遭到綁架。此案在澳洲引發軒然大波，所以群眾心中並未完全排除詹姆斯是個騙子的可能性。

在一片嘈雜聲中，那條巧克力棒漸漸成了問題。最初的報導提到詹姆斯身邊僅有的食物是一條巧克力棒，民眾都很想知道是哪一種，瑪氏巧克力棒的謠言就這樣慢慢傳開。這是那種雖不重要卻很迷人的細節，能讓大家毫無理性地緊抓不放。

「我想，哈利在這方面提供的建議不太好，」詹姆斯說，「他應該是一邊數錢一邊想著：我們可以跟巧克力公司簽約之類的。他好像聯絡了每一家巧克力棒製造商，說『我們可以讓詹姆斯．史考特代言你們的產品。』哈利努力推銷。他給我的指示是：『給我聽好，巧克力棒的事不准告訴任何人，絕對不行。』」

詹姆斯終於接受了《六十分鐘》的專訪，但這場專訪卻出現了這個節目有史以來最有名也最緊張的問答。訪問他的記者是李察．查爾頓（Richard Charleton），以未達目的、不擇手段的風格聞名。他一直逼問詹姆斯那條巧克力棒到底是什麼品牌。

「我真的進退兩難。哈利命令我『絕對不能說出品牌』，偏偏李察一直追問：『那條巧克力棒到底是哪個牌子？』到最後他（李察）勃然大怒地說：『這傢伙是認真的嗎？』」

「事後看來，你認為自己當時已復原到能接受專訪了嗎？」我問。

「不行，完全不行，」詹姆斯說，「而且查爾頓也不是訪問我的好人選。他不應該用那種方式對待一個深受創傷的人。他的態度很像拷問，只要是受過創傷的人都會因此陷入『戰或逃模式』（fight-or-flight mode）。我當下真的很氣，好好的一個正能量故事居然變成僵持不下的爭吵，令人難過。我很難理解這一切是如何發生的。訪問之初，雙方並非帶著惡意。我只想親口說出這個故事，我看得出李察也是這麼想，但我們都處理得不是很好。」

詹姆斯拒絕說出巧克力棒的品牌，這件事反而成為焦點，而且不知道為什麼，大眾堅信那條巧克力棒的品牌就是瑪氏。

「如果能重來一次，你會改變作法嗎？」我問。

「我想我應該還是會找個經紀人，因為那不是你能應付的情況，找經紀人是正確的。找個正確的記者來報導這個故事也很重要。我想一定有記者擁有相符風格，能用有同理心的好奇態度訪問我。」他說。

詹姆斯不後悔用自己的親身遭遇去換錢，雖然這麼做為他帶來許多痛苦。

「如果有錢賺，大可以安心去賺，因為賺不賺都會挨罵。這就是我的想法。」詹姆斯說。

「其實我也這麼想，雖然我是ＡＢＣ的記者，」我說，「每個人都會抓住這個賺錢機會。」

「一點也沒錯，這是資本主義的社會。你握有一個商品，自然可以待價而沽。」詹姆斯說。

「不經一事，不長一智。」

「對。不懂得應付媒體，就會處於絕對弱勢。」

詹姆斯終於從心理創傷中走出來。但是時隔將近二十五年，身體上的創傷依然存在。他終生都有複視（double vision）[3]與身體平衡障礙，這表示他必須放棄曾在山上幫助他存活的空手道。雖然他對精神科的工作感到滿意，但這些傷害打破他成為外科醫生的夢想。

「一輩子像你一樣在身心各方面同時受到嚴峻考驗的人並不多，」我說，「情緒、心理、生理，全方位考驗。在那之後的人生挑戰呢？你在致命的環境中存活下來，是否讓你在面對其他挑戰時更有自信？」

「可能有，但我不會有意識地認為跟那次經驗有關。比方有一次我跟一群朋友碰面，聊天時其中一位很好的朋友說：『就像詹姆斯，他總是很淡定。』我從不認為自己淡定。或許經歷了那件事之後，我不那麼容易興奮激動。我不會特別覺得，發生了這種事又如何，再糟也比不過尼泊爾那次。我不會有意識地這麼想。」

「那件事是否留下永久的心理影響？」我問。

3 譯註：複視（double vision）是把一個物體看成兩個的視功能障礙。

「我覺得留下永久心理影響的是我的基督教信仰。我想這就是信仰的本質，你心中有諸多疑問，尤其我是學科學的。但細想之後，我覺得這只是一次特別的經驗。這是我心中的解釋。」詹姆斯說。

和路意莎一樣，詹姆斯雖然有宗教信仰，但是他並沒有上帝特別找他麻煩的「愚蠢錯覺」。我問他是否覺得，他能大難不死是上帝的計畫，他哈哈大笑。

「不覺得。」他說。

「只是運氣？」

「我無法解釋。」詹姆斯的表情帶著歉意，似乎為了無法告訴我與命運謎團有關的深刻智慧而感到抱歉。

❖　❖　❖

詹姆斯．史考特成為不可思議的生存故事主角，必然會遭到媒體瘋狂追逐。聽到這個過程帶給他的困擾使我坐立難安，原因是：如果當年由我擔任《六十分鐘》的主持人，我的訪問方式應該也差不多是那樣，我肯定會在他獲救之後糾纏他的家人。要是爭取到訪問機會，我可能也會追打這個故事的可信度，我絕對會問巧克力棒的事。

我一直自認品德高尚。但是在詹姆斯對我傾訴一切之後，我的本能反應是他的遭遇非但是可以理解的，甚至是合理的。別人會如何看待我和新聞這個行業？長久以來，理智上我一直知道記者有責任把這些問題思考得更深，因為我們必須對報導的對象負責。我們利用倖存者與受害者，來幫助大眾了解他們對世事的想法與感受。所以至少，我們在挖掘故事真相時應該把傷害降到最低。

跟詹姆斯聊過之後，我用更實際的角度思考這些問題。個人的犧牲與大眾對新聞的渴望之間，如何找到平衡點？如詹姆斯所說，重大新聞的最大受益者是媒體，不是新聞事件的主角。九號電視台從冰人獨家專訪中得到的廣告收益，遠高於他們付給詹姆斯的酬勞。這正是媒體一開始競相出價的原因：這是一個民眾想要知道的故事，於是大家對這個商品產生的興趣被轉化成利益。

詹姆斯的故事是否對公眾有益，或者只是滿足大眾的好奇心，這當然是個問題。但其實這是兩件事。以林德咖啡館事件的另一位倖存者茱莉・泰勒（Julie Taylor）為例，她從未把自己的故事告訴媒體。事發當時，她是個孕婦，這必定會加深恐攻事件的複雜程度。她逃離咖啡館不久後，她的好友凱翠娜．道森不幸死於攻堅行動。我對她的故事很有興趣，但我是否相信茱莉．泰勒的故事對公眾有益？答案是否定的。那天發生的事已經過大量檢視，死因裁判官（coroner）也檢查了每一項證據。茱莉．泰勒以證人身分出席了多場審訊。我們可以合理推測，就算她繼續分享更多訊息，也無法改變我們對這個事件的認識，或是對法律、治安與公共安全帶來新的影響。無論她個人的經驗多麼有趣，對公眾利益都沒有實質幫助。

我也同意詹姆斯．史考特的遭遇對公眾利益沒有意義。又不是經常都有幾百個澳洲人受困在雪山裡。話雖如此，這是人類史上最不可思議的生存故事之一，它呼應人類的求生渴望。光是基於這個原因，他的故事就值得記錄，而且詹姆斯是唯一能夠說出這個故事的人，因為雪山不像林德咖啡館一樣另有十七位見證人。民眾都想知道這個故事的細節，身為記者，我會認為自己有責任呈現這些細節。

新聞業重視和鼓勵即時新聞，用新的角度切入好讓新聞留在頭版，用生動有趣的細節維持話題性，這是一種業界文化。進入新聞業的第一天起，你就一直被教導一件事：雖然你須以合乎道德的方式對待報導對象，但服務大眾才是最高指導原則。這意味著我會合理化媒體對待詹姆斯與他的家人的方式（除了惡意的行為，例如靠欺騙手段進入病房），只因為大眾亟欲了解這個新聞事件。無論是對是錯，詹姆斯會為此付出多少代價是次要考量，特別是他也願意用錢交換說出親身經歷的機會。

驅策記者做決定的因素不只是業界文化與競爭壓力，還包括個人考量，這一點在任何工作上都是一樣。算不清有多少次，被指派飛往某處採訪重大事件時，我坐在飛機上緊張到頻頻反胃：萬一我漏掉新聞怎麼辦？萬一別的記者找到很棒的東西，我卻沒找到怎麼辦？這二十五年來，我從未漏過新聞，但是我知道沒搶到獨家新聞的羞恥感。即時新聞是記者的核心任務，所以漏掉別家記者追到的新聞就是失敗。主動聯絡像史考特一家這樣飽受痛苦的人其實並不好受，但是不聯絡他們，眼睜睜看著競爭對手在別的頻道上訪問他們，而且上司也在旁邊一起靜靜觀看，這種感覺更加難熬。受薪階級都一樣，你會擔心丟掉工作、名聲與未來的發展機會。

以詹姆斯·史考特的例子來說，很不幸地有兩股力量互相碰撞。民眾的強烈好奇心與隨之而來的媒體強烈騷擾，碰撞處於人生最脆弱時期的當事人。令人不意外的是，經歷創傷事件的最初幾個星期，通常是與媒體周旋能力最低的時候，也是思考要不要面對媒體的判斷力最差的時候。二〇〇九年二月，維多利亞州發生澳洲史上最嚴重的森林大火，一天之內奪走一百七十三條人命，被稱為黑色星期六（Black Saturday）。[4] 幾個月之後，有一個大學研究發現，許多倖存者深受創傷，甚至連自己曾接受記者訪問都不記得。

這是墨爾本大學的高等新聞研究中心（Centre for Advanced Journalism）所做的研究，他們訪談了二十八位採訪黑色星期六的記者，以及接受過記者訪談的二十七位倖存者。研究人員發現，記者承受巨大的壓力，於是「做出錯誤判斷，前後矛盾的訊息湧現，對事實視而不見，跨越道德界線，睜一隻眼閉一隻眼……受影響的民眾漸漸消失在背景裡。」研究過程中幾乎沒有記者懷抱惡意的證據，但光靠善意不足以防止錯誤。儘管如此，這項研究發現二十七名倖存者都表示與記者互動的經驗大致正面，也認為媒體表現良好。

黑色星期六與詹姆斯·史考特這兩類事件之間，存在著一個重要差異：黑色星期六的受害者人數遠遠超過媒體，但詹姆斯的情況是幾十個記者圍堵一個人。

或許你可以接受記者的行為是被壓力逼出來的，或許你不願接受。就算你大致相信我說記者追詹姆斯的新聞不算有錯，但其他比較過分的行為呢？例如我說，即使詹姆斯已經明白告訴我，咄咄逼人的訪問態度很傷人，我的態度應該還是會跟李察・查爾頓差不多。首先，付費採訪（購買新聞〔chequebook journalism〕）被視為一種恥辱，所以我一定會努力證明自己不會因為電視台付了錢給他，就對他手下留情。詹姆斯接受訪問的時候，早已有人懷疑他的遭遇是不是真的。雖然這些懷疑大多有失公允，卻不容忽視。我肯定會認為，提出這個疑問是給他機會向大眾澄清。

第二，就算那條巧克力棒是無關緊要的細節，但是記者必須問出大眾想知道的答案，而大眾想知道的就是那條巧克力棒的品牌。我承認這個理由沒有第一個理由那麼合情合理，可是我之前也提過，我的訓練使我相信只要是大眾想知道的事，我就必須追根究柢。

第三，當詹姆斯拒絕提供這項訊息時，我絕對會跟查爾頓一樣追問下去，因為我不知道他為什麼不肯回答。我一定會覺得這削弱了他的可信度，還會很不高興，

---

4 Muller, D. & Gawenda, M., *Black Saturday in the Media Spotlight*, University of Melbourne, 2011, Melbourne.

因為九號頻道付錢請他說清來龍去脈，他卻有所隱瞞，而且隱瞞的還是觀眾想知道的重要細節。大眾極想知道那條巧克力棒的品牌，因為它一直是個祕密：**為什麼**不能講？如果詹姆斯告訴查爾頓：「那只是一條吉百利巧克力。」大家就不會繼續追問，《六十分鐘》可能會把焦點放在詹姆斯想要傳達的事情上：在如此惡劣的環境裡成功求生的奇蹟。

我會不會擔心詹姆斯的身體還很虛弱，禁不起頗為嚴厲的訪問過程？我會，但我不會因此手軟，因為與電視台交易並接受專訪是他自己的決定，風險自負。對記者來說，這種想法是站得住腳的。但是對一個有同理心的人類來說，這種想法站得住腳嗎？

回顧我記者生涯中犯過的錯誤，包括那些至今依然感到羞愧的錯誤，缺乏同理心是犯錯的主因。我從來不曾故意說謊、誤導或扭曲事實，從未主動傷害對方。我曾因粗心大意、無知、急躁或口誤而說錯事實（最後一項在直播新聞時很難完全避免）。但最令我坐立難安的錯誤，是在收集新聞資料時做出道德上受爭議的決定，原因可能是截稿時間的壓力、想報導精彩新聞的野心，或是缺乏成熟與同理心。

一九九四年，我二十一歲。當時我服務於位於布里斯本的九號電視台，參與一個以當地生活新聞為主的節目叫《*Extra*》，這節目後來變成晚間六點新聞。我力求表現，急著在新聞編輯室裡步步高升。身為節目組裡資歷最淺的人，什麼工作我都做過：操作提詞機、列印腳本、接電話、幫記者準備新聞簡介、指派攝影團隊。終於，我被允許報導幾則新聞。

我做了一則關於小孩子交友障礙的新聞[5]：為什麼會發生，父母能做些什麼？我們在電視台附近的小學拍攝影片，我請攝影師特別注意遊樂場裡落單的孩子，不能讓人認出他們的身分，但是一定要呈現出很孤單的感覺。學校裡總是有一兩個這樣的孩子。攝影師帶著拍好的影片回來，他拍到一個沒跟同學一起玩的小女孩。距離很遠，她頭上的帽子遮住了臉，只有淡金色長髮從帽子底下露出來。

我採訪了一所學校的校長和一位心理學家，這則新聞很完整。新聞播出後，我的上司很滿意。正當我志得意滿、準備下班的時候，電話主機響了。我接起電話，是那個金髮小女孩的父親。他說我公開指出他的女兒是沒有朋友的孩子。

我說我沒有，我有特別交代攝影師不能讓人認出孩子的身分。他說陌生人當然

5 我找不到這則新聞資訊，所以只能仰賴自己的記憶。這則新聞是一九九四年於布里斯本的九號頻道播出。

認不出，但是看看她的頭髮！那所學校裡的每一個孩子、老師跟家長，都能一眼認出他女兒。不只如此，他繼續說道，他們都對上電視感到很興奮，所以一定都看過這則新聞。最後他告訴我，他的女兒確實有嚴重的交友障礙，而我在她所有的同學面前給她貼上標籤，反而讓情況雪上加霜。

我當然非常難過。直到現在，儘管事過境遷二十幾年，我依然非常驚訝當時的自己居然沒有在播報這則新聞之前，先想到他所說的情況。當時我是個新聞界菜鳥，我可以用這一點為自己正當辯護，但真是如此嗎？認識那孩子的每一個人都認得出她，這可能會造成問題，我難道連這種基本常識也沒有？我承認當時沒想到這一點，但我懷疑自己是否在某種程度上選擇忽視良心不安的感覺，因為我需要畫面才能在電視上播報這則新聞。我依然為這件事感到難過，公開說出這件事的我依然心懷羞愧。

大約一年之後我跳槽到ABC，採訪主任派我搭輕型飛機去位在布里斯本西北方約兩百公里的溫德勒（Windera）。我將與家畜特警隊（Police Stock Squad）及英國皇家防止虐待動物協會（RSPCA），一起突擊檢查一座牛隻牧場。[6] 牧場主人讓牛隻挨餓，因此觸法。我記得那座牧場非常熱，走在牧場裡令人作嘔。牛隻骨瘦如柴，有幾頭死牛倒在乾枯的草地上，看起來很像扁掉的氣球。突擊檢查到一半，牧場主人返家。他身邊跟著好幾個孩子，但我不記得有看見他的妻子。我記得我對他充滿輕蔑，心想怎麼會有這麼惡劣的人讓動物受苦至此。

時隔二十一年，我最近又重看了這則新聞。我發現當時我只把它當成單純的虐待動物新聞，我沒有採訪牧場主人。我想不起是因為他拒絕受訪，還是我根本沒提出採訪要求。重看之後令我印象深刻的是，儘管我在新聞裡提到旱災，但是我完全沒深究牛隻為什麼會餓死。我無法跳脫看見牛隻時的震驚。牠們活活餓死，是因為牧場主人一家也在挨餓嗎？我在報導中提到牛棚裡有飼料，但是我沒有質疑為什麼明明有飼料還讓牛隻挨餓。這則新聞我做得很差，因為我沒有發揮同理心去理解牧場主人，沒有公正地對待他，因此新聞內容距離真相很遙遠。

我很想把這兩則新聞都歸咎於年輕、缺乏經驗。可惜的是，成為資深記者之後我也犯過類似錯誤。二〇〇五年，我已入行超過十年，派駐在華盛頓特區擔任

---

6 Sales, L., 'RSPCA Cattle', ABC News Brisbane, 29 December 1994.

ABC的美國特派員。強烈颶風侵襲美國南岸時，我被派往紐奧良市。[7] 卡崔娜颶風徹底摧毀紐奧良。抵達紐奧良的第二或第三天，我來到機場，當時這裡擠滿數萬名被疏散的居民。他們之中有很多人在疏散前已在市立會議中心待了好幾天，沒有食物，沒有自來水，也沒有辦法聯絡家人。他們充滿憤怒、身心受創，有些人甚至帶有敵意。

我來機場幫ABC的《AM》廣播節目找新聞，有兩個小時可以找題材製作新聞，然後傳回澳洲。我採訪了一位年長的黑人女性，她餘悸猶存地流著淚。她有好幾位家人失聯，她說出他們的名字。她帶著四、五個孫子，年紀最大的看起來十歲左右。

我知道她是完美的新聞素材。她情緒激動，而且她的境況很有新聞性。我不斷丟出問題，鼓勵她繼續說下去。聊得愈久，她的情緒就愈激動。我心想：再問一個問題就好，我必須讓她多說一點才有足夠的新聞材料。最後，她十歲的孫子輕聲說：「可以了吧。」我假裝沒聽見，又問了一個問題。「可以了吧。」這次他的聲音大了些，於是我停止採訪。直到現在，想到我曾讓一個十歲男孩制止我，依然令我十分難堪。而且他還制止我兩次。

問題是，如果你問我身為一個記者，我會給自己打幾分（一分是變態，十分是行為端正的好記者），我會給自己十分。要是有記者去你家敲門，你打開門看到是我，我會說算你走運。儘管如此，我剛才舉的幾個例子都顯示只要有機會，我可能會跟任何人一樣唯利是圖和冷血。或許有些記者不曾犯過跟我一樣的錯誤，但如果大家夠誠實的話，我想很多人都必須承認在面對壓力的時候，自己的行為都有可議之處。

我很少跟同事討論這些問題，我們不會坐下來討論怎麼做新聞。我幾乎不知道其他記者如何說服別人接受採訪，或是如何接觸災區倖存者和剛剛遭受巨大創傷的人。美國心理學家兼學者艾蓮娜・紐曼博士（Dr. Elena Newman）指出，學術界向來避諱研究創傷與新聞之間的關聯。[8] 她認為原因或許是記者不想深思這種關聯，因為這會逼他們直視一個事實：他們經常從別人的痛苦中獲益。

---

7 Sales, L., 'Tens of Thousands Unaccounted for After Hurrican Devastation', *AM*, ABC Radio, 5 September 2005. http://www.abc.net.au/am/cotent/2005/s1453048.htm（二〇一六年十一月二十日存取）

8 Newman, E. & Nelson, S., 'Reporting on Resilience and Recovery in the Face of Disaster and Crime: Research and Training Implications' *Australian Journalism Review*, 34(1), 2012, p 24.

十歲的孫子阻止我繼續騷擾祖母的那則卡崔娜颶風新聞，後來怎麼了？它獲得澳洲新聞界最高榮譽沃克力獎（Walkley Award）的提名。紐曼博士說：「雖然記者不是新聞事件的罪魁禍首，但許多記者也心知肚明，自己之所以能獲得獎項與肯定，是因為把這些天災人禍與令人不安的情況告知大眾。一方面廣泛承認創傷的衝擊，一方面又要避免創傷衝擊，本來就會產生一種緊張感。或許這種緊張感，正是新聞鮮少深入探究創傷的原因。」

這種想法令人不安：我們記者不喜歡思考這些問題，因為這可能會迫使我們改變工作方式。我們當然可以避而不談，但若是有更多記者直接面對這些問題，會發生什麼事？我們能學到什麼？

❖　❖　❖

二〇一一年一月早上，住在土文巴（Toowoomba）的亞曼達．基林（Amanda Gearing）望著書房的窗外下起難以置信的傾盆大雨。[9]天上彷彿有一支砲兵隊，對著地面瘋狂掃射水砲。雨滴在車道上彈跳，短短幾分鐘內，街上就出現洶湧的棕色泥流。猛烈暴雨本身已經很奇怪，但亞曼達家位在土文巴的最高處，淹水的可能性很低。她住在這裡十四年了，從來沒見過這種情況。

當時她不知道這是一場超級風暴，[10]那天早上，昆士蘭東南外海有兩個強烈雷雨風暴撞在一起。創紀錄的雨季[11]早已使土文巴的河流、水壩與周邊地區暴漲，土壤完全濕透。再加上超級風暴入侵，形成一場警方後來稱之為「內陸瞬間海嘯」的災難。

大分水嶺（Great Dividing Range）的山麓與土文巴東邊的海岸平原上，洪水出

---

9 亞曼達二〇一一年一月經歷的事件與後續情況的描述，部分來自私人訪談；二〇一六年五月與七月，亞曼達・基林透過Skpye與電話接受作者訪談。此外，亞曼達也熱心提供她在暴雨當時拍攝的幾支影片，讓我得以觀察暴雨的情況。

10 關於二〇一一年昆士蘭洪水的成因與衝擊，參考了兩份官方調查報告：Barnes, M., *Inquest into the deaths caused by the South-East Queensland floods of January 2011*, Office of the State Coroner, Queensland, 2012, Brisbane, 取自：https://www.courts.qld.gov.au/__data/assets/pdf_file/0019/152362/cif-seq-floods-20120605.pdf; Homes, J.C.E. & Queensland Floods Commission of Inquiry, *Queensland Floods Commission of Inquiry Final Report*, 2012, 取自：http://www.floodcommission.qld.gov.au/publications/final-report/

11 Collerton, S., 'She's Back: What La Nina Means for Summer', 2011. https://www.abc.net.au/news/2011-09-21/la-nina-explainer/2902456（二〇一六年七月八日存取）

現得又急又快，數以百計的居民突然受困在家中、車內與商店裡。前一分鐘還在廚房裡閒晃，下一分鐘就得趕緊逃命。許多人試圖駕駛汽車與卡車脫困，卻被一道突如其來的水牆沖離道路。有不少人幸運逃過一劫，卻只能驚恐而無助地目睹洪水沖走朋友和鄰居。

暴雨終於停止，洪水逐漸散去之後，共計有三十三人喪命，三人失蹤。死者有男有女，有大人也有小孩，失蹤者估計凶多吉少。洛吉爾谷（Lockyer Valley）死了十九人，這個地區有大片的果園和菜園，風景如畫，距離土文巴約二十公里（位在布里斯本以西，車程約一小時）。這裡有個小鎮叫格蘭特罕（Grantham），居民約五百人，在短短兩小時內就失去十二位居民。[12] 這場悲劇登上國際新聞，連英國的威廉王子也曾來此慰問。

那天早上亞曼達．基林望著窗外，當時還不知道這場災難會有多嚴重，當然後來她很快就知道了。亞曼達是記者，原本打算退出每日的新聞播報工作，改做學術研究。但那天剛過中午，她就接到《澳洲人報》（*The Australian*）布里斯本採訪主任的電話，採訪主任早已收到洶湧洪水、大規模破壞與緊急服務網絡不勘重負的相關報告。他問亞曼達能否以自由記者的身分幫他們做幾則新聞？她拿起筆記本跟手機，安排了一位攝影師之後就動身出發。

亞曼達不是年輕莽撞、渴望成名的記者。她經驗豐富，實力堅強，已在昆士蘭內陸跑新聞很多年，幾乎各種題材都報導過。五十歲的亞曼達是四個孩子的母親。在澳洲的鄉下地區單槍匹馬跑新聞，意外、災難和死亡等題材是家常便飯。不可能總是窩在寬敞的新聞編輯室裡，每次採訪主任想派人去向十六歲遇害青少年的家人要一張照片時，你不能閃躲逃避，因為能跑這種「採訪死者家屬」（death knock）新聞的人只有你一個。亞曼達在土文巴工作多年，採訪死者家屬的經驗很豐富，曾為布里斯本的《信差郵報》（*Courier-Mail*）寫過幾十篇類似報導。

我跟多數記者一樣害怕採訪死者家屬，總是能躲則躲，所以我覺得亞曼達實在很厲害。我透過Skype連絡上她，問她有沒有什麼鼓勵對方敞開心胸的祕訣。

亞曼達說：「我沒有刻意請他們敞開心胸，我的作法是設身處地。我腦海中只有一個想法：如果我是他們，我會怎麼做？貿然跑去找剛剛失去另一半、不小心撞

12 http://www.censusdata.abs.gov.au/census_services/getproduct/census/2011/quickstat/GL_QLD1250?opendocument&navpos=220（二〇一六年七月十二日存取）

死自己的孩子或是有其他悲慘遭遇的人，問對方：『你能不能提供一些資訊？我能不能採訪你？你能不能給我任何訊息？』感覺不太對吧。我甚至不好意思請他們給我一杯水。我只會說：『你正在進入一個難熬的階段。這個階段會長達好幾年。』我能做到的是對他們感同身受，為他們的失去感到遺憾，這些都出自真心。我可以幫助他們了解這段難熬的過程，我告訴他們警方的說法，然後問他們：『你還有什麼想說的話嗎？』我會說：『這些事會寫成報紙上的一則新聞。如果關於你的孩子或丈夫或妻子，你還有什麼想說的話，報社都有興趣知道。』通常他們都願意開口。差不多百分之九十。」

亞曼達經常接觸死亡，因此二〇一一年一月她冒險涉入洪水區，面對處境艱難的民眾之前，她早有極為豐富的採訪經驗。[13] 儘管如此，她在洛吉爾谷目睹了以前從未見過的損失與創傷規模。

丹尼爾・麥奎爾（Daniel McGuire）是格蘭特罕農村消防局（Grantham Rural Fire Service）的消防員。洛吉爾溪潰堤後，他打算用農村消防卡車帶三十一歲的妻子琳克（Llync）與三個孩子避難，分別是五歲的喬瑟琳（Jocelyn）、十二歲的蓋瑞（Garry）與七歲的柴克瑞（Zachary）。卡車正要開出他們家的院子時，一陣比卡車還高的洪水衝向他們。丹尼爾把柴克瑞推出車窗，他攀上一棵樹。接著強勁的洪水把丹尼爾沖出車廂，他也設法爬到樹上。但是另外三個留在卡車裡的家人沒有逃出來，在洪水淹沒的卡車中溺斃。

丹尼爾跟柴克緊緊抓住樹枝六個小時，洪水退到安全的高度後才下來。丹尼爾告訴亞曼達，如果當時沒有聽到柴克的聲音，他一定會讓自己落水，跟家人一起走。

亞曼達也採訪了彼得與瑪莉・馮・思特雷頓（Peter and Marie Van Straten），這對退休夫妻住在架高的昆士蘭房屋裡，事發當時，他們看著滾滾洪水淹沒格蘭特罕的主要街道。短短幾秒內，他們房子開始搖晃，地板縫隙冒出小噴泉。一棵樹撞穿臥室的牆壁，整棟房子突然脫離底座，隨波逐流。然後房子撞上一棵樹，廚房整個裂開。當室內空間逐一崩塌時，彼得跟瑪莉在快速升高的水位中掙扎，努力往房子

---

13 亞曼達的報導內容：Gearing, A., *The Torrent: Toowoomba and the Lockyer Valley, 10 January 2011*, University of Queensland Press, 2012, St Lucia; Gearing, A., 'The Day That Changed Grantham', 2013, https://www.abc.net.au/radionational/programs/360/the-day-that-changed-grantham/4382482（二〇一六年七月十一日存取）

的中央移動。漂流了兩公里後，他們的房子終於被障礙物卡住，停在一塊空地上。但停止漂流後，水位上升得比之前更快。

瑪莉斷了一條手臂，彼得的糖尿病藥物也沒了。水淹到彼得的脖子，但水位超過瑪莉的頭頂。他單腿站立，讓瑪莉坐在另一條腿上，好讓她的頭超出水面。天色漸漸變暗，他們也漸漸失去希望。彼得臉色蒼白，體溫過低，瑪莉開始啜泣。神奇的是，在他們互相道別之後，一架直升機從空中飛過，他們吸引直升機的注意，成功獲救。

亞曼達除了為《澳洲人報》寫新聞，也製作了一部獲得沃克力獎的廣播紀錄片（radio documentary），叫《改變格蘭特罕的那一天》（*The Day That Changed Grantham*）。此外，她還寫了一本書叫《奔流》（*The Torrent*），內容更加詳細。在調查的過程中，她更在意一個比較宏觀，跟洪水或洪水成因並不直接相關的問題，那就是：在巨大的創傷時刻，民眾為什麼願意接受記者採訪？這個想法是因為有一位倖存者起初拒絕接受採訪。

「他失去了母親、岳母和襁褓中的女兒。他差點失去妻子和另外兩個孩子，他自己差點罹難，他家也毀了。」亞曼達說。「我心想：難怪他不想接受採訪，那其他人呢？他們願意接受採訪，為什麼？如果我是他們，應該連做早餐或起床都得用盡全力。但他們卻接受採訪，也願意侃侃而談。」

亞曼達驚訝地發現，幾乎沒有任何研究討論，身心受創的人為何願意接受採訪以及這對新聞業來說有何意義。採訪創傷事件的記者跟其他相關接觸人員面臨相同的職業危害（例如創傷後壓力症），這件事已漸漸受到正視。有個研究和訓練記者如何預防職業危害的組織，正在茁壯，由哥倫比亞大學的達特新聞與創傷中心（Dart Center for Journalism & Trauma）主導。但是亞曼達發現，受害者並未被納入相關研究。她正在寫一份論文計畫書，認為這個主題值得探討。除了調查洪水的原因與後續影響，她也向倖存者提出一個簡單的問題：你為什麼決定接受採訪？

只要是有經驗的記者，都能為這個問題想出一個有趣的答案。墨爾本大學的黑色星期六調查報告觸及這個主題，但是重點放在接受記者訪問的經驗以及對出刊後的新聞是否滿意，沒有探究願意受訪的原因。亞曼達的研究[14]（雖然樣本數只有

14 Gearing, A., Lessons From Media Reporting of Natural Disasters: A Case Study of the 2011 Flash Floods in Toowoomba and the Lockyer Valley, Queensland University of Technology, 2012, Brisbane.

三十三人）前所未見，而且很有趣，因為它試著描述幾種可能的原因，並歸納出六大主因。

最常見的原因是希望接受訪問能幫助個人復原，緊追在後的第二個原因是渴望大眾了解真相。許多受害者都覺得，媒體針對災難雖然提供了大量報導，卻忽略災難的破壞程度與長期影響。接下來的兩個原因密切相關：從悲劇中汲取教訓，以及認為自己有責任幫助改善未來的應變災難方式。第五個原因或許很容易理解：時機。影響受訪決定的是提出採訪要求的時間，以及當下是否想要分享自己的故事。最後一個原因可能最令人驚訝，但不只一個人這麼說：有人願意免費聆聽，感覺很好。

妻子與兩個孩子在消防卡車裡溺斃的丹尼爾．麥奎爾告訴亞曼達：「跟你聊天好過找臨床心理師，因為不用花錢也有人能傾訴。」另一位洛吉爾谷居民羅德．艾爾弗德（Rod Alford）告訴她：「我覺得跟受過高度訓練的專業人士比起來，和你聊天比較輕鬆。他們比較在意費用，一直盯著時鐘，然後說：『時間到了，你要不要預約下一次療程？』我心想：你們這群渾蛋之所以願意提供兩小時的關懷與分享，只是為了賺錢。」

當然，記者的聆聽並非無償，只是付錢的人不是受害者。有時候，記者也可以從聆聽倖存者的故事獲得心理學家得不到的利益。亞曼達聆聽洪水受害者的故事，最主要的目的是寫新聞；她寫新聞賺取酬勞，後來同業人員還頒獎給她。她從採訪中獲得好處，但顯然用關懷的方式進行採訪，讓受訪者也覺得有收穫。

洪水與森林大火的研究都問過倖存者，應付記者有沒有使他們的處境雪上加霜？倖存者說，記者出現在災後的現場進行採訪，然後拍拍屁股就消失，他們會有一種被利用的感覺。此外，當記者拍完照或拿到想要的新聞之後就急著離開，也讓他們感到受傷。倖存者極度痛苦的畫面在未經允許的情況下被公開，尤其是重複播放的影片，也令倖存者非常難受。森林大火的倖存者感到特別憤怒的是，有記者故意提問挑撥情緒，刺激倖存者落淚。對洪水受害者而言，報導中的錯誤會令他們十分痛苦，無論是多微小的錯誤。

「當事人的家屬會把那則報導剪下來，永久保存。而我的名字就在報導的最上方。」亞曼達說。「不管是拼錯姓名、寫錯日期或時間，還是搞錯車子的顏色，那些與死亡本身不相關的訊息，他們都會生氣。在他們眼中，這是嚴重錯誤。我不希望被人當成那樣的記者，他們認為這件事很重要，認為：『我的家人過世了，那個笨記者居然連時間或車子的顏色都搞錯。』這跟是否在乎有關。她真的在乎嗎？」

黑色星期六的研究者請倖存者想像自己跟幾位年輕記者坐在一起，這些記者都沒有採訪災難新聞的經驗，他們會如何建議這些年輕記者？答案可歸納為四個詞：人性（不要忘記你面對的是活生生的人，而非故事裡的角色）、同理心（試著理解對方的遭遇，做出適當應對）、自主（讓受訪者主導討論），以及尊重（多多體諒，給對方時間與空間，最重要的是，不要利用對方）。[15]

亞曼達的論文也提出採訪原則：維持採訪時間與地點的彈性、讓受訪者知道自己不需要回答每一個問題、不要一絲不苟地確認正確性，以及必須提供受訪者情緒上的安全感，例如不要用問題打斷他們說話。

「為了謄寫採訪內容，我聽了最初幾則採訪的錄音。聽見受訪者說到一半，就被我的提問打斷，」她回憶道，「我發現被我打斷的受訪者，後來也沒有回頭把說到一半的事說完。他們已經找不到原本的思路，我錯失那段故事的後半，或是他們一大部分的想法。我很自責。『你這個蠢蛋，閉嘴。閉上嘴巴，仔細聆聽。』」這顯然是詹姆斯．史考特對《六十分鐘》的期待。

亞曼達也在研究過程中發現，若記者能有效聆聽，或許能為後來的諮商打好基礎，或至少不要造成傷害。對有經驗的記者來說，這已是習慣作法。但是年輕記者或是有截稿跟競爭壓力的記者可能會忽略這件事，我的卡崔娜颶風採訪經驗就是最佳實證。

亞曼達留給我一個發人深省的想法。

「我建議採訪死者家屬的每一個記者，」她說，「都應該在一週或兩週後再度拜訪對方，問他們：『你為什麼願意接受採訪？』我們需要的答案數量遠遠超過三十三個。世界各地的記者都會前往死亡與災難現場，要求民眾接受採訪，但是沒有一個人會回頭去找受訪者，問問他們為何願意受訪。」

❖ ❖ ❖

寫完這一章之後，我將它寄給詹姆斯．史考特。不想讓他在這本書出版後，才驚訝地看到，儘管詹姆斯覺得這種訪問風格令他受傷，但就算《六十分鐘》的專訪是由我主持，我的風格也會跟李察．查爾頓差不多。

---

15 Gawenda & Muller，著作同註4，第二〇四頁（英文版）。

「這是否代表我是壞人？」我問。

「不會啊，這不代表你是壞人。你只是遵循符合專業的基本原則。」詹姆斯在回信中寫道，我覺得他很寬大。「你提到記者生涯中犯下的那些錯誤，對當時人來說當然很痛苦。但是，如果小女孩的父親沒有打電話到電視台會怎麼樣？你就不會知道那則新聞對他們家造成痛苦與煩惱了。如果記者從未得到意見反饋，情況永遠不會改變。」

詹姆斯認為即使收到意見反饋，還是有很多記者不會改變工作方式。他相信有同理心的記者就會發揮同理心，沒同理心的記者會繼續魯莽行事。詹姆斯在電郵的最後追加了一個想法：

「我曾被殘酷和虛假的內容攻擊，這很痛苦。當然，看發生在別人身上的新聞比較輕鬆，但我希望大家明白一件事，而這件事非常重要，那就是：生命在不斷地前進。」

第四章
支持的力量

當記者的第二年，我被派去布里斯本報導消防員與家屬組織的示威活動。有兩位消防員在撲滅一場民宅火災的過程中罹難，這場示威是為了抗議消防員的工作條件與設備不佳。我在現場尋找採訪對象，有位女士似乎是示威的中心人物。她戴著大大的太陽眼鏡，手裡抱著一個寶寶。

「你為什麼來參加這場遊行？」我悄悄走到她身邊問道。

「我老公是其中一位罹難消防員。」她語氣漠然地說。

我不自然地「喔」了一聲之後就全速撤退，但是盡責的記者一定會持續提問。我太過震驚與不安，腦袋一片空白。我只想離她遠遠的，這種反應跟華特·米卡奇的朋友道格一樣。我不認為道格是個壞人，我幾乎可以肯定他是好人，因為他對好友的遭遇如此悲痛，甚至悲痛到無法面對好友。幾乎每個人都知道那種無助感，以及那種說錯話、做錯事的擔憂。

生活被難以想像的悲劇顛覆的人，立刻就會發現有些朋友和專業人士似乎很清楚該做些什麼、說些什麼，有些則是茫然無措。世界會分成兩邊，一邊是能幫自己的人，另一邊是幫不上忙的人。

若你碰巧成為悲慘事件的主角，能幫助你撐過生命低潮的是什麼？對其他人來說，怎麼做才能壓抑自己的不安，讓自己成為撫慰的力量，而不是阻礙？

❖ ❖ ❖

茱麗葉．達伶（Juliet Darling）登門拜訪，果然人如其名。她是個美女，五官精緻，柔順的捲髮，跟「茱麗葉」這個名字很相襯。也是個貼心[1]的人，因為她送

1 譯註：「darling」做為形容詞，有貼心、可愛的意思。

了我一束水仙花。我覺得很不好意思，應該是我送她禮物才對，因為她來我家接受我的採訪，讓我針對她這輩子最悲傷的事件提問。

我仔細觀察茱麗葉的臉，原本預期會看到悲傷刻畫的銳利線條。就像在我噩夢中出現過的華特一樣，以為痛苦也會在她的身上留下痕跡。但完全沒有。她的臉部線條柔和，紋路出現在該出現的地方：皺褶在眼角，還有細細的抬頭紋。她看起來和藹可親。茱麗葉穿了一身黑，只有袖口露出一抹紅色錶帶，如此低調的時尚使我突然覺得紅鞋很俗氣。

我打算做一個巧克力中式五香糕，但是從烤箱裡拿出來的時候，五香糕整個散開。雖然烘焙失敗，但我死馬當活馬醫把它送進冷凍庫，希望它能凝固起來。我們在餐桌旁坐了將近兩小時，答應要請茱麗葉吃的五香糕一直沒有上桌，她也客氣地沒有提及此事。

放下兩杯茶之後，我們開始聊她已故的男友尼克．瓦特婁（Nick Waterlow）。一九九八年，兩人共同的朋友安排他們在一場晚宴上碰面，在那之後他們很快又見了一次面，是在尼克公司附近的一家書店咖啡館單獨碰面。當時茱麗葉年近五十，跟前男友育有一子，叫喬治（George）。尼克比茱麗葉大十五歲，有三個孩子。撮合他們的朋友顯然直覺準確，因為茱麗葉跟尼克初次見面就互有好感。茱麗葉記得他們聊個不停，既自在又熟悉，與其說是交談，不如說是一起追憶。他們都很愛荒謬滑稽的笑話，有時甚至會在夜深人靜時失控大笑，隔天被鄰居詢問到底什麼事這麼好笑。[2]

尼克．瓦特婁是藝術圈名人。他擔任過三次雪梨雙年展的總監，在雪梨藝術學院指導過無數學生。尼克出生於倫敦，是獨生子，六歲就被送去寄宿學校。他告訴茱麗葉，從他接觸到藝術的那一刻開始，就對藝術產生巨大的熱情。藝術是他跟其他人連結的方式，能使他渾然忘我。他一直確信自己不是個藝術家，他的天分是發掘有趣的作品和展示作品：策展。尼克有辦法讓在場的每一個人都覺得自己舉足輕

2 茱麗葉與尼克的相識過程、尼克的家庭背景、過世原因以及他為兒子尋求醫療協助的努力，除了來自訪談尼克的女友茱麗葉．達伶之外，還包括以下幾個資料來源：Darling, J., *A Double Spring: A Year of Tragedy, Grief and Love*, Allen & Unwin, 2013, Sydney; MacMahon, P.A.（magistrate）, *Nicholas Waterlow: Finding*, Glebe NSW: Coroners Court Glebe, Glebe, 2014a. http://doi.org/10.1007/s13398-014-0173-7.2; MacMahon, P.A.（magistrate）, *Nicholas Waterlow and Chloe Heuston: Reasons for Finding*, Glebe NWS: Coroners Court Glebe, 2014b. http://www.coroners.justice.nsw.gov.au/Documents/waterlow%20and%20heuston%20-%20reasons%20for%20findings.pdf

重，而他也確實把每一個跟自己交談的人都當成最重要的人。他的溫暖使他深受眾人喜愛。

但瓦特妻家有一個深重的壓力與焦慮來源，這件事後來也將吞噬茱麗葉。尼克的小兒子安東尼（Antony）幾年前被診斷出妄想型思覺失調症（paranoid schizophrenia）。他幻想他的家人策畫了一場全球詭計，「一場以網路為平台的騷擾活動」，目的是迫害和毀滅他。他相信警方可以用「祕密技術」控制他的思想，此外，他也有幻聽的問題。從二〇〇〇年開始，安東尼經常出現暴力和具威脅性的行為，而且施暴對象通常是家人。他不斷威脅要殺死父親跟哥哥。他對尼克說，他想要刺死尼克。

茱麗葉很怕安東尼。有一次安東尼來她家作客，她事先把刀子都藏起來。

「尼克跟我很少吵架，但每次吵架都是為了這件事。」她說，「我很害怕，覺得這種情況很危險。我無法解釋自己為什麼如此害怕，但我想那是因為我是外人，我看得出安東尼的精神錯亂很嚴重。我心想這很危險。我一直告訴尼克：『不要跟他一起走在大馬路上。不要在他家吃任何東西。不要跟他一起上街，他可能會把你推到公車前面。』」[3]

「你說這種話的時候，尼克有什麼反應？」我問。

「他只是聽。」茱麗葉說。

「他會不會為兒子辯解？」我繼續問。

「多少會。」她坦言。

安東尼斷斷續續看過精神科醫生，但是他一直拒絕吃藥。他沒有達到住院治療（強制送入精神機構）的標準。那時候茱麗葉很氣尼克沒有積極解決這個問題，保護自己。後來她才知道，其實尼克已經竭盡全力幫助安東尼。尼克沒有跟茱麗葉討論這件事，她猜是為了不讓她更加擔心。

雖然尼克很努力，到了二〇〇九年，茱麗葉依然覺得恐懼揮之不去。她形容那種感覺就像空氣很凝重，風雨欲來，好像有什麼事即將爆發。

「我每次看到警車，心裡就會揪一下。我經常躺在床上醒著等尼克回家，有一種窒息感。」

二〇〇九年十一月九日晚上，正如她所描述的，茱麗葉躺在床上看書。尼克跟

3 私人訪談。二〇一六年八月，茱麗葉・達伶於雪梨接受作者訪談。

女兒克羅伊（Chloe）邀請安東尼去她家吃晚餐，沒人知道晚餐後依序發生了哪些事，但是吃完晚餐之後，安東尼持刀刺死了姊姊與父親。克羅伊還在蹣跚學步的女兒也受了重傷，尼克陳屍在大門旁的玄關。

鄰居聽見吵鬧聲，包括尼克對兒子說的遺言：「我愛你！」調查死因的裁判官說這起事件是「一個愛的故事，而且也像許多愛的故事一樣，以悲劇收場。」

晚上十點半，茱麗葉的電話響起，是尼克的另一個兒子路克（Luke）打來的。他說克羅伊位於蘭德威克（Randwick）郊區的房子裡，發現兩具屍體。茱麗葉馬上就知道最擔心的事情還是發生了。不久之後，警察來到她家。茱麗葉嚇壞了，因為安東尼逃離現場，沒人知道他的行蹤。她躲在一個朋友家，直到將近三個星期後，安東尼在野林裡遭到逮捕，她才回家。他因為心理疾病而主張無罪，最後被無限期強制收容在機構裡。

尼克是藝術界名人，再加上這起案件血腥暴力、駭人聽聞，所以占據了頭版新聞好幾天。

「我的世界彷彿分裂了，」茱麗葉說，「我眼中的朋友也有了變化。過去我以為是朋友的人，也許跟我沒那麼好，有些朋友則是好得出乎意料。大家都展現出不同的樣貌。或許勇敢的人比較主動，我清楚看見他們的勇氣。而害怕的人，我看見他們的恐懼。是他們的表情跟行為告訴我的。我現在依然有這種感覺。」

但是跟發生這場悲劇之前比起來，現在我比較同情那些害怕的人。過去的我可能會覺得：喔，這樣的行為不對，太自私了，我對他們的批判可能更嚴厲。但現在我能體諒他們的恐懼，我對他們有更多的憐憫或同情。

尼克剛過世的那幾天，茱麗葉深陷震驚與懼怕。回想起來，她發現有兩個身分截然不同的人幫助她撐過那段日子，一位是神父，一位是警探。耶穌會的史蒂夫·辛恩神父（Steve Sinn）在國王十字區的街頭服務，他曾在安東尼的學校工作過，在那裡結識了尼克。新南威爾斯警局兇案組的葛蘭·諾利斯警探（Graham Norris），他是這起雙屍命案的調查負責人。

「這些人之中，最相似的就是史蒂夫神父跟諾利斯警探。」茱麗葉說。「他們只是靜靜聆聽，提出問題之後會等我把話說完，他們不會假定自己知道我的感受。他們幫助我，因為他們相信我，或許他們相信的不是我，而是我的努力。警探跟神父讓我感覺到，我可以放心地相信自己。」

「因為他們相信你夠堅強，可以好好活下去？」我問。

「對，他們不會讓我覺得自己失去活下去的能力。無論是言語上或肢體動作上，他們從來不會給我那種『你確定你可以嗎？』的感覺。」

我想深入了解這兩位男士。他們為什麼能在如此糟糕的時刻，發揮這麼高的情商？我請茱麗葉多說一些關於他們的事。

史蒂夫神父在尼克過世的隔天登門拜訪。茱麗葉記得他做的第一件事，是把玄關花瓶裡枯死的向日葵丟掉。他沒有問茱麗葉花能不能丟，甚至沒問垃圾桶在哪裡，他直接動手。茱麗葉對這件事永生難忘。

「他做這件事對我意義重大，我看見一個珍惜生命的人。或許他做這件事只是想告訴我：人生有死亡，也有生命。那是一個很簡單、很貼心的動作。我也不知道，或許愈簡單、愈微小的事情，幫助就愈大。」茱麗葉說。「巨大的悲痛反而讓小事顯得更重要、更鮮明。像那樣的一個小動作就足以改變人生，它可以打開你的心，讓你思考活下去的價值。聽起來不太真實，但對我來說千真萬確。」

史蒂夫神父幫忙茱麗葉籌辦尼克的葬禮。茱麗葉記得她走進神父的辦公室，他的開場白是：「我不知道你要怎麼扛起這些。」

「那是最溫柔的一句話，」她說，「那句話認同了我深沉的傷痛，而不是逼我把傷痛暫放一旁或藏起來。我不可能逃避悲傷，也沒有任何人能代替我悲傷。」

表面上看起來，「我不知道你要怎麼扛起這些」，這句話聽起來很像茱麗葉最怕的那句「你確定你可以嗎？」，但這兩句話其實差異甚大。後者帶有一種挑戰意味：這個情況需要處理，而且懷疑茱麗葉是否具備處理的能力。前者沒有施加壓力，也沒有任何期待，神父用這句話允許茱麗葉被悲傷淹沒。確實，他的意思是：她怎麼可能不悲傷？神父主動展現身為人類應有的困惑，讓茱麗葉擁有展現人性的空間。

諾利斯警探在許多方面都與史蒂夫神父大相逕庭，但是他們有一個共通點：同理心。兩個人都能在設身處地的同時，保有執行工作所需要的超然。有一次茱麗葉在郵局裡突然開始啜泣，她打電話給諾利斯警探，他在幾分鐘內趕到郵局協助她。尼克舉辦葬禮的時候，安東尼尚未落網。儀式開始前，諾利斯警探悄悄走到茱麗葉身旁，輕聲對她說：「別害怕，雖然看不出來，但四周都佈署了警力。」

這正是她需要的支持：她可以專心追悼尼克，專心道別，不用懼怕安東尼會突然出現。

茱麗葉去停屍間認屍的時候，這兩位男士也陪著她一起去。諮商師珍・莫爾（Jane Mowll）在會客室跟他們碰面，她把認屍的過程中可能會碰到的情況告訴茱麗葉。她提到尼克的身體摸起來會很冰冷時，茱麗葉癱倒在地，失控大哭。

想像一下，若此時陪在茱麗葉身旁的是你，你會怎麼做。我幾乎可以確定自己會拍拍她，告訴她：「沒關係，茱麗葉，你不想進去也沒關係。」但神父沒有這麼做。他站起來，靜靜地走向認屍室，然後把門打開。接著他把茱麗葉扶起來，帶她走進那個房間。

「我走進去看到尼克躺在病床上，那一刻我馬上停止哭泣。忽然間，我覺得非常平靜，有一種神奇的寧靜籠罩著我，」她說，「史蒂夫一定知道。他一定知道：現在我該做的就是帶她走進去認屍，不是安慰她或擁抱她。」

儘管茱麗葉親眼見到尼克的遺體，但是認屍後過了很久，還是很難接受尼克離開的方式。她覺得自己彷彿陷入一個連續的噩夢，只是她並未睡著，腦海裡重複播放她對案發過程的想像。她沒看過媒體的報導，所以這不是媒體的影響。影響她的是她的想像力。她編造了一部電影，然後一次次播放，場景的順序都一樣：安東尼在廚房裡翻找抽屜，克羅伊正在煮飯，所以沒注意他在幹嘛。接著尼克跟安東尼在玄關一邊扭打，一邊往大門移動。尼克的每一條臉部肌肉都很緊繃，眼神充滿恐懼。最後是安東尼五官扭曲的臉部特寫。

被這種恐懼折磨了兩年之後，茱麗葉終於決定要看命案現場照片，她覺得自己必須這麼做。

「我想照片或許能讓我看到不同於想像的實際過程，說不定，我的噩夢會就此消失。」她說。

她再度來到停屍間，這次也是由史蒂夫神父陪同。迎接他們的人依然是珍．莫爾。茱麗葉當時還不知道，珍．莫爾是這方面的專家。莫爾是心理學博士，她的論文研究主題是家屬認屍，以及如何謹慎處理認屍過程，幫助認屍的人接受死亡與失去。[4]

「她真的很棒，」茱麗葉說，「她的說明很詳細。她手裡拿著一個大大的檔案夾，裡面有文件、照片跟複印本。她把裡面的每一樣東西都解釋清楚之後，才把檔案夾遞給我。她說錶帶在地上，接下來你會看到這個和那個。她用非常溫柔的方式為我

4 Mowll, J., Transition to a New Reality: The Experience of Viewing or not Viewing the Body of a Relative in the Context of Grief after a Sudden and Unexpected Death, University of New South Wales, 2011, Sydney, 取自：http://unsworks.unsw.edu.au/primo_library/libweb/action/dlDisplay.do?vid=UNSWORKS&docId=unsworks_9984

解說。」

「她的說明有沒有幫忙緩解你看到照片時的心情？」我問。

「應該有。她的說明沒有摻雜任何情緒，只是單純描述照片上將會出現什麼。」

命案現場的照片很多。其中一張是尼克的臉部特寫，雙眼未閉，眼神沒有聚焦。另一張是他倒在地上，彷彿睡著了一般。有張照片是尼克的手腕，刀傷深可見骨，下一張是他壞掉的手錶在地上的照片。茱麗葉看見地上的菜刀旁有一把尺，她也看見尼克沾染了血的屍體。

茱麗葉認為看命案現場的照片對她很有幫助，後來她在一場研討會上演講時提到刑案鑑識攝影，並且說明這些照片對她的影響：

有很長一段時間，我在腦海裡不斷想像案發過程，以至於我漸漸相信自己真的「就在現場」。但如果我當時就在現場，為什麼沒有伸出援手？為什麼袖手旁觀？後來我看了命案現場的照片，比我想像中的畫面更可怕，於是我明白我不可能阻止命案發生。當時我根本不在現場……或許就是在那一刻，我才終於放下。尼克的命案現場照片驅散了我虛構的畫面。看到那些照片時，我感受到我對他的愛，也感受到他對我的愛。我看見死亡的空虛，也感受到愛的充實。[5]

這場演講影響深遠，後來被當成示範案例收錄在《澳洲死因裁判官手冊》（*Australian Coroner's Manual*）[6]，建議專業人士如何在提供刑案現場照片與認屍的過程中幫助身心受創的家屬。無論是珍·莫爾解釋照片時的謹慎，還是史蒂夫神父與諾利斯警探既實用又貼心的行動，讓茱麗葉堅持下去的理由都是一樣的：仁慈。

❖ ❖ ❖

史蒂夫神父與諾利斯警探**為什麼**知道該怎麼做？我希望自己也能擁有那樣的自信與智慧。他們的同理心是天生的？還是來自處理突發悲劇與傷痛的多年經驗？我

5 Darling, J., 'On Viewing Crime Photographs: The Sleep of Reason', *Australian Feminist Law Journal, 40*(1), 2014, p 113-116.

6 Dillon, H., & Hadley, M., *The Australian Coroners' Manual*. Annandale, NSW, The Federation Press, 2015.

決定直接找他們問個清楚。

史蒂夫神父很容易找，因為他跟茱麗葉仍有聯繫。諾利斯警探已經退休，所以找人得花點工夫。一位警界的朋友用電郵傳來一支舊手機號碼，我在某天晚上七點鐘打電話過去，這位前兇案組警探接起電話，於是我們開始通信。另一方面，我已安排好先跟史蒂夫神父碰面。

史蒂夫約我在一間叫雙狼（Two Wolves）的墨西哥小酒館碰面，離雪梨大學不遠。這裡的玉米餅跟餡餅都很便宜，適合用來配啤酒或瑪格麗特調酒。這家酒館由志工經營，是附屬於耶穌會的非營利社會機構，為泰國、越南、厄瓜多、尼泊爾和雪梨的弱勢團體募款。它毫無「宗教」感，一點也不古板，是個很酷的地方。牆上掛著一顆鹿頭，鹿頭上戴著一頂瀟灑的墨西哥帽。天花板垂掛著鮮豔的三角旗，百葉窗也漆得色彩繽紛。

我看到一位獨坐的男士，白色的短髮，年約七十。他看起來很瘦，身材精實，穿著印花襯衫，給人一種要去參加週末烤肉活動的感覺，很適合這家酒館的歡樂氣氛。

我向他自我介紹後才就坐，然後拋出第一個問題：他為什麼想當神父？

他哈哈大笑。「你說出自己的故事，但你自己也不知道這故事是不是真的。」他說。[7]

史蒂夫在維多利亞州的一個天主教家庭長大，他們家是大家庭，有四個兄弟、四個姊妹。父親是醫生，所以他們家過得很富裕，住在圖拉克區（Toorak）[8]。母親有很高雅的品味與眼光，但照顧這麼多孩子很操勞。史蒂夫七歲的時候，他的大哥比爾（Bill）開始酗酒鬧事。史蒂夫還記得星期天去做彌撒的時候，他跟兄弟姊妹一起擠上車，爸媽在車上討論比爾的問題，兩人都很擔心。

「當時我坐在後座，我記得我手裡拿著一張聖像（那是聖像還流行的年代），聖像背面寫著：如果家裡有人成為神父，全家人都會上天堂。我心想：既然如此，我要成為神父，這樣就不用擔心比爾了，」他說，「直到現在我的感覺依然沒變。這是神父的職責，神父代表世人把他們的痛苦、悲傷、心碎、擔憂交給上帝。這就是我做的事。」

史蒂夫一九六七年加入耶穌會，一九七九年被授予聖職。耶穌會的歷史長達好

7 私人訪談。二〇一六年九月，史蒂夫·辛恩於雪梨接受作者訪談。
8 圖拉克區是墨爾本有名的富人區。

幾個世紀，眾所周知，耶穌會的神父與教友深切關注社會正義和教育。幫助窮人、邊緣人與弱勢的人，是耶穌會特別重視的耶穌思想。史蒂夫成為神職人員之後，大部分的時間都在雪梨的國王十字區服務，幫助遊民、精神病患和有毒癮的人。我問過總理麥肯·藤博爾（Malcolm Turnbull）是否聽過史蒂夫神父，因為他的選區也包括國王十字區。他確實聽過，而且他認為史蒂夫的街頭工作「很神聖」。有一位我透過工作認識的法官曾是虔誠的天主教徒，他年輕時曾與耶穌會教友同住六年，他也認識史蒂夫。他為了是否要離開耶穌會而痛苦掙扎的時候，是史蒂夫告訴他離開耶穌會沒有關係。這位法官也和藤博爾總理一樣，認為史蒂夫神父散發真誠的基督精神。

我很快就發現，史蒂夫眼中的自己，跟我眼中的他完全不同。採訪之前，我針對他的職業擬定了許多問題。但是他認為自己沒有職業。

「茱麗葉說你一到她家就把枯死的花丟掉，讓她深受感動。」我說。「在實作上，神職人員怎麼知道做哪些事能對他人產生幫助？」

史蒂夫想了想，然後說：「我不記得我做了那件事。我不知道自己是否知道別人需要哪些幫助。對，我不認為我知道。」

「身為神父，」我說，「你是不是時時都在聆聽、觀察、試著知道自己該怎麼做？

或是在心中與上帝對話？你採用什麼樣的過程？」

他想了很久。史蒂夫神父一點也不急躁。我聽採訪的錄音時，經常會聽到五到十秒鐘的停頓，以正常的聊天節奏來說，算是相當長的沉默，史蒂夫可以泰然自若地保持沉默。一開始我很緊張，但後來我覺得靜靜地坐在一起相當愉快，不用急著想接下來要說什麼。

「麗，」史蒂夫說，「這是一份聖職。我不是在工作，也不是在演戲，我只是在做自己。我不扮演牧羊人，因為我**就是**牧羊人。聖職就是這麼一回事。我相信當我主動走入某個情況裡，大家都知道因為我是神父，所以上帝與他們同在。他們沒有遭到遺棄，他們所受的苦帶領他們感受耶穌的苦難與復活。」

「如果是沒有宗教信仰的人呢？不相信上帝的人，怎麼辦？」我問。

「喔，我不會**真的**把剛才那些話說出口！」他笑著驚呼。「只要看到我，大家就能領會。我們彼此都是神的存在，以人類的形式存在。上帝不住在外面……」史蒂夫的手朝外面揮了一下「……我們對彼此來說，都是神性的使者。這是神聖的，受苦是神聖的。我們不想受苦，但我們無法避免受苦，所以你需要別人的陪伴。只要在一起就好，是陪伴，不是幫助。陪伴蘊含著深刻的真理。」

「你的角色，像個牧羊人……」我接著說。

「我不是像個牧羊人。我**就是**牧羊人。」史蒂夫打斷我，我們兩個都笑了。對我來說，這個想法不太容易消化。我沒有看到羊，所以我眼的中他不是牧羊人。

「比方說，你是一個母親，」他說，「你的職業是記者，但你也是一個母親。母親不是你的職業，你也不是在演一個母親，你就是母親。我就是牧羊人。」

我好像終於懂了。很複雜，因為我沒有宗教信仰，所以很難搞懂。我突然想到：天啊，我一直叫他史蒂夫。我是不是應該稱他為史蒂夫神父？或者辛恩神父才是有禮貌的稱呼？不過，我覺得史蒂夫看起來不像是那種在乎別人怎麼稱呼他的人。

「麗，」他說，「我還是個年輕神父的時候，認識了一位耶穌會教友，他雖然缺點不少，但是給了我很多指導。他說很多人害怕去醫院探病，可是探病的主角不是你，而是被探望的人，所以要忘了自己。我說了什麼或做了什麼都不重要，我不是主角。對方才是。就算你表現得不適當，說錯了話，那又如何？就算他們對你發脾氣，那又如何？沒關係，你只要陪伴就好。他們才是關注焦點。我無法提供方向或救生索，我只是對人有信心。我也對時間有信心。」

我問他陪茱麗葉去停屍間的事，雖然她情緒崩潰，但他還是帶她走進那個房間去看尼克的遺體。

「那是一次意義重大的經驗，」我說，「你怎麼知道在那一刻，她需要的不是安慰，而是走進認屍室？」

史蒂夫再次陷入沉默。他說：「我有很多跟往生者接觸的經驗，我是說他們的遺體。我們的身體是最重要的。如果你愛一個人，一定要陪伴對方，一定要花時間親身相處。我自己肯定不想跟對方的身體分開。我覺得我們跟親屬的遺體離得太遠，都讓葬儀社的人接手了。不對！我們應該親手埋葬家人！」

「你覺得親自完成這個過程，深入參與，是有幫助的嗎？」

「對！當然有幫助！」這是史蒂夫語氣最強烈的一次。「把遺體放在家裡！放在餐桌上！讓孩子們在餐桌底下睡覺，在棺材上面畫畫，裝飾棺材。在棺材旁邊吃飯！我哥哥過世後，我們在棺材旁一邊喝威士忌一邊吵架。我記得其中一個哥哥用力敲打比爾的棺材，說：『你這個渾蛋！』那是我們的方式。我們自己抬棺，往墓穴裡填土。我小時候常跟父親一起整理花園，我會挖洞再將植物種下，再用土把洞填滿。後來爸爸下葬的時候，我幫助哥哥們整平墓穴。我們必須親手做這件事。」

「為什麼你認為這樣的參與會有幫助？」我問。

「這是我們的責任，不是為了幫助。這使我們有能力去哀悼，使我們有能力攜手渡過。否則的話，遺體只是被搬走，『咻』一下不見了，你來不及哀悼。你必須感受，必須觸摸，必須陪伴！」史蒂夫情緒高昂。

他從袋子裡拿出一樣東西給我看，那是一張泛黃的剪報。圖說是：「傷心欲絕：土敘邊境爆炸頻傳，這名女性在爆炸過後一臉絕望。」照片上是一位女子站在瓦礫堆裡，她仰著頭向天空張開雙臂、悲痛哭泣。

「我看著這張照片禱告，」看著照片時，史蒂夫說，「這張照片完美呈現世上的痛苦。我不知道她是否失去了親戚，或是有什麼東西被炸掉了。當你感受到疼痛，生命才會出現實感。你會得到領悟，進而產生同情心。痛苦使你成為更深刻、更豐富的人類。」

「你怎麼受得了時時刻刻都被痛苦圍繞？」我問。

「我累壞了，」史蒂夫坦言，「我在國王十字區服務了十八年。其實我不喜歡『累壞了』這種說法，但當時我需要改變。我的情緒沒有防護，就像爆炸過的地方有人走來走去一樣。處理不了自身處境的人，來了一波又一波。」

「你累壞的那時候，你做了什麼？」

「我需要一些空間。我坐上車，自己一個人開著車，跑去鄉下的飯店住，比如波克（Bourke）跟布雷沃里納（Brewarrina）。當時我差不多六十五歲，到了那個歲數，我心想：我還能再活二十年吧。我想做什麼？我想跟坐過牢的人住在一起，我想跟他們一起吃飯、生活。我覺得那是一種真實的需要。」

這正是史蒂夫現在的生活。他和剛出獄的更生人住在一起，他們來自巴瑟斯特監獄（Bathurst Correctional Complex）與其他鄰近監獄。

「我是耶穌會的教友，所以我有自己歸屬的群體。我過正常的生活，我不是遊民，我沒有毒癮。我的教友接納我，我們過著結構式的社群生活，一起禱告、用餐、生活。」

「這使你感到充實嗎？」

「對。我每天早上花兩個小時照顧自己。以前早上四點半起床，然後去邦代海灘（Bondi）游泳，游完就回來禱告。禱告非常重要。我覺得禱告有點像蛻皮，是一個放下的過程。我靜靜坐著，呼吸，數數。我會數自己的心跳。」

「標準說法是『活在當下』，」我大膽問道，「你也是這樣嗎？你會擔心未來嗎？回想過去，有什麼令你後悔的事嗎？」

這一次，史蒂夫回答得很快。「我希望自己不是那麼膽小。我這輩子一直很膽小，現在還是。」他說。

他一說完，我們陷入這場對話中最久的一次沉默，差不多有二十秒。主要是因為我嚇呆了。**這個人**，他在國王十字區的街頭待了十八年，而且還打算把餘生用來幫助受刑人，他居然覺得自己很膽小。最後，我急促地說出我的想法。

「史蒂夫，只要看過你做的事情，很多人都會說那是他們想像中最不膽小的行為：陪伴正在承受強烈痛苦的人，跟他們一起向心愛的人的遺體道別。這一點也不膽小。」

他想了一會兒。「對。但是我很欽佩挺身而出的人，坐在樹上保護樹不被砍倒的人，為難民受到不公對待發聲的人。他們都很勇敢。我從未被毆打、被槍擊、被批評過。大家都認為我是大好人！」

我必須承認，我也覺得他是大好人。我有點難以理解他說的某些話，但他散發出某種氣質，讓我想要多花點時間跟他相處。史蒂夫使我覺得自己可以變成更好的人。

❖　❖　❖

幾週後，我跟葛蘭・諾利斯碰面。他比較容易「理解」，因為這些年來我認識了不少警察，所以他是我比較熟悉的「類型」。注意到的第一件事，是這位前兇案組警探可愛得不得了。認識他才五分鐘，你就會覺得：我很想跟這位老兄一起喝杯啤酒。葛蘭個子很高，光頭，長長的灰色落腮鬍讓我聯想到叢林大盜。他講話澳洲腔很重，說話直來直往，帶點街頭幽默。他告訴我以前在警隊上司的趣事，這位督察的名字很有趣（我必須補充，他也是一位備受崇敬的警官），叫漢斯・瑞普（Hans Rupp）[9]。瑞普曾在大規模追捕一件雙屍命案嫌疑犯的期間，每天向媒體簡報偵辦狀況。他說：「我百分之百確定（疑犯）已經死亡，我們僅需尋找他的屍體。」直到有一天，疑犯在提款機領錢時被人看見，那天瑞普在簡報時馬上改口說：「我相當確定疑犯依然活著。」

葛蘭年紀很大了才成為警察，那是一九七七年的事，當時他三十五歲，當警察之前是個業務員。

他一直想當警察，但是父母反對他從事如此危險的工作，為了讓父母開心，他

9 譯註：「Hans Rupp」聽起來很像「Hands up」，意思是「把手舉高」。

轉換跑道。但日子一天天過去，他依然無法放棄夢想。心想晚點開始，總好過永遠不做，於是他進入新南威爾斯警校。畢業後的第一份工作在德魯伊特山分局（Mount Druitt），一個位於雪梨西南邊的蕭條地區。

「我如魚得水，」葛蘭說，「你永遠不知道接下來會發生什麼事。每天都像一張空白的畫布。我熱愛那種變化、那種刺激，我很喜歡那種體能上的要求。感覺很棒，充滿挑戰。」[10]

二〇〇四年，他調到州立刑案指揮中心（State Crime Command），專門負責兒童保護與性犯罪，四年後加入兇案組。

「民眾對警察和警方的工作經常充滿好奇，」他說，「電視上有一千部警探影集，大家都有興趣。他們總是會問我：『你辦過最可怕的兇案是哪一次？』所有的兇案都很可怕。」

「加入兇案組之前，你會不會害怕靠近屍體，害怕看到兇案現場的恐怖畫面？」我問。

「我只有一點擔心觀看驗屍過程，因為那個時候我連打個針都得躺下來。」葛蘭說（此時我心想：哇塞，你調到兇案組還真是勇敢）。「當警察就得看驗屍，你不能說：『我要吐了』，或是『我看不下去』。這是無法改變的現實，你非做不可。對調查來說，驗屍是尋找線索的重要步驟。想通這件事之後，我就不介意了，那只是工作的一部分。看見屍體，看見驚悚畫面，看了之後說：『哇，太慘了。』這就是工作的一部分。但要是你受不了前往兇案現場，或是受不了跟性侵受害者談話，就別說：『我想調去兇案組』或『我想調去性犯罪組』。」

「在家屬剛得知親友遇害，情緒非常高漲的時候，應付受害者家屬是否很難？」

「很難，無庸置疑。告訴別人這種事……通知死訊總是很難。」

「警察有這方面的訓練嗎？」

「當然有，警校的訓練很豐富。但是該怎麼說呢？警校雖然教了很多，但是進入真實世界才是學習的開始。」

「如果你必須去通知家屬這樣的消息，有沒有什麼大原則？」

「經驗告訴我，最好的方式是直接說出來。第一次做這件事的時候，你會不想說得那麼直接。你有點害怕，不知道對方會有什麼反應。但現實的情況是，先把真

10 私人訪談。二〇一六年十一月，葛蘭·諾利斯於雪梨接受作者訪談

相說清楚，再來處理隨之而來的情緒。」他說。

「你預料得到對方聽見死訊時，大概會有哪些反應嗎？」

「沒辦法，各種反應都有可能。我曾經凌晨兩點上門把家屬吵醒，通知對方你的父親死了，或是你的哥哥死了，他們卻說：『老兄，這真是好消息，快進來喝杯咖啡，要不要配餅乾？』」

我目瞪口呆。「哇！」

「但你只能說：『不用了，我們不喝咖啡，謝謝你。』」葛蘭說。他一臉驚慌，揮動雙手模擬後退的動作。

「有一次，」他說，「我不知道她是哪國人，她會說的英語不多，她的兒子自殺了。我告訴她這件事，她在我面前跪下，然後開始用拳頭打我，居然一拳打在我的蛋蛋上！我快痛死了。」葛蘭的鼻子整個皺起來，再次把我逗得哈哈大笑。

二〇〇九年，葛蘭是瓦特婁命案的負責人。我們聊到尼克．瓦特婁的葬禮，以及他告訴茱麗葉警方會保護她，讓茱麗葉非常安心。

「我聽她說過她當時的想法。那麼當時你有什麼想法呢？」我問。

「警方的壓力也很大，」葛蘭直言不諱，「我們不知道他（安東尼）的下落。他顯然是危險人物，殺了兩個人，逃亡時還差點殺死一個小女孩。雖然在葬禮這樣的大型活動行兇的可能性很低，但是沒人能肯定。萬一他衝進來怎麼辦？你必須做最壞的打算。」

「萬一他真的出現了，警方會怎麼做？」我問。

「這取決於他的行為，我們會做出適當的回應。」他說，帶著典型的警方口吻。

「你們當時有武器嗎？」

「當然，隨身攜帶。」

「是什麼讓你想到：我要去找茱麗葉，說幾句話讓她安心？是因為你知道她很害怕他會出現嗎？還是出於直覺？」

「我想茱麗葉的恐懼是揮之不去的，她一直怕他會突然出現，跳出來攻擊她。你想要讓她放心，但我們不會通靈。你必須盡力安撫對方的恐懼和焦慮，你不能覺得他們說的話不重要或不用認真聽，因為對他們來說，這些感受都是千真萬確的。」

在我突然聯絡葛蘭之前，他不知道自己是茱麗葉能好好活下去的大功臣。

「這種感覺很好。」他告訴我。「我告訴我太太這件事，我說我連自己跟茱麗葉說了什麼都不記得，我太太說也許是因為我每天都在做那樣的事，所以對我來說，用那種方式對待她沒什麼特別。我的想法是：她是受害者家屬，我必須照顧她，這是我的職責。」

「你說你必須照顧別人，這是你的職責，這句話是什麼意思？」

「我必須好好保護他們，因為他們正要走入一個漫長的過程。法律訴訟得花好幾年，而不是短短幾個月。此外，他們將面對一輩子的改變。對於照顧他們，我一直懷抱一種強烈的責任感，沉重的責任感。你當然很想說：『我一定會拿出令你滿意的結果，一切落幕後，你會非常高興。』但這件事不會發生。因此結束時，如果他們沒有得到想要或預期的結果，無論是哪一種過程，他們可能會感到失望，但至少不會對照顧他們的方式失望。」

採訪葛蘭的時候，我印象最深刻的是他很少用「受害者」這個詞。他說他們是「我照顧的人」，而且似乎不是刻意而為。他似乎發自內心想要照顧別人。他告訴我一個讓他特別自豪的案件：成功起訴一個暴力的連續強暴犯，他侵犯過六名性工作者。

「這群女人很討厭警察，她們沒有遇過願意陪伴她們、照顧她們的人。」葛蘭說。「其中一個住在瑞德豐（Redfern）很糟糕的社區住宅裡，她接到強制遷出的通知。

她哭著打電話給我。我能怎麼辦？我打電話給房屋署，先介紹自己是誰，然後說明她是重大刑案的受害者，如果能讓她繼續住在那裡就幫了大忙。電話那頭的人說：兄弟，沒問題。就這樣，她覺得我把水變成葡萄酒。慢慢地，這群女人變得信任我，願意出庭作證。我跟她們建立夠穩固的關係，使她們願意出庭。最後那個強暴犯被判超過二十年的刑期。」

我一邊聽葛蘭說話，一邊心想：他真的是一個好人。從有毒癮的性工作者，到像茱麗葉這樣受過教育的中產階級女性，在他眼中都是值得尊重的人類，他也用維護尊嚴的方式對待她們。

跟我聊過的殯葬業者都很討厭「做個了斷」（closure）這種說法，而葛蘭也一樣。「每次聽到人家說做個了斷，我就渾身不舒服。他們的人生被打碎了。我試著告訴他們：『這是新的常態。我們必須想辦法用這套新的情況來創造人生。』你不可能把原本的人生還給他們。」他說。

葛蘭的人生故事裡最悲傷的一件事，就是這位顯然非常擅長做警察的人，已經不再是個警察。他沒有筋疲力竭，也沒有創傷後壓力症。二〇一〇年，他在受訓時背部受傷。二〇一四年，背傷嚴重到他必須因為健康因素而退役。現在長期疼痛是他的生活常態。

「最難受的是每天都會被提醒這件事。只要打開電視，新聞裡就會出現警察。新聞說發生了命案，你就很想出任務，你在電視上看到自己的隊友。我還沒習慣退休後的世界，很難。我熱愛我的工作，我就是超愛上班。我不敢說自己很在行，但我想我做得還不錯。」他說。

我知道對葛蘭來說，這算是一種失去。但我不禁認為對社會來說，這是更大的失去。這個如此懂得付出關懷的人，已不再是第一線的警察。不管從哪個角度切入，我們都不可能用幸運來形容茱麗葉．達伶的遭遇。但是她能碰到葛蘭．諾利斯與史蒂夫．辛恩一左一右地支持她，肯定是一件極為幸運的事。

❖ ❖ ❖

有些人跟史蒂夫神父與諾利斯警探一樣，本能上具有高情商。他們似乎就是知道在哀悼與失去的時刻，應該說些什麼和做些什麼，經驗當然也有幫助。葛蘭與史蒂夫的工作性質，似乎都讓他們學會如何舉止得宜。多數人大概都不擅長陪伴喪親的人，我們笨拙無比，有時甚至把情況弄得更糟，茱麗葉跟華特都親身遇過。情緒上的無能不限於個人，如果你去過醫院或法庭，或是在家人過世後打電話去銀行，肯定知道機構人員同理心比較薄弱。走進缺乏人情味的官僚制度時，暈頭轉向還算是最好的情況，最糟的情況則是冷血無情。想像一下，如果大型官僚機構的態度能像史蒂夫和葛蘭一樣，會是如何。有這個可能嗎？我們能把那樣的仁慈變成制度嗎？

過去二十年來，法律界在這方面做了許多努力，叫做治療法理學（therapeutic jurisprudence）[11]。這個詞在一九九〇年代開始普遍使用，發明這個詞的人是美國學者大衛・威克斯勒（David Wexler）。他相信法律應該幫助進入司法系統的人恢復心理健康，因此法律必須跟其他專業合作，例如精神醫學、社工與犯罪學。這套作法

11 關於治療法理學，參考了以下資料：Wexler, D.B., 'Therapeutic Jurisprudence: An Overview', *Thomas M. Cooley Law Review, 17*(1), 2000, pp 126-134, 取自：https://heinonlinebackup.com/hol-cgi-bin/get_pdf.cgi?handle=hein.journals/tmclr17&section=12; Wexler, D.B., 'Two Decades of Therapeutic Jurisprudence', *Touro Law Review, 24*(May), 2008, pp 17-29; Wexler, D.B., 'From Theory To Practice and Back Again in Therapeutic Jurisprudence: Now Comes the Hard Part', *Monash University Law Review, 37*(1), 2011, pp 22-42, 取自：http://search.ebscohost.com/login.aspx?direct=true&db=a9h&AN=86195601&site=ehost-live&scope=site

鼓勵律師與法官不要忘記，法律是一種會影響個人心理健康的社會力量。這些考量不會超越法律義務，無論在法律程序的哪一個階段都能使用，但法律依然是首要考量。

法官和律師每天都親眼目睹司法系統對人造成衝擊，而且通常不是他們自己的錯。澳洲和海外都有許多研究列舉法律程序導致壓力與創傷的原因。[12] 法律程序不近人情，有時近乎殘酷，例如死因裁判官的通知、姓名拼字錯誤等等。法院審案曠日廢時，讓等待結果的人更加痛苦。出庭作證的經驗令人惶恐不安；法庭審判或審訊在本質上是一種質問，就算是問心無愧的證人，也可能會覺得自己受到批判或攻擊。我在林德咖啡館事件的審訊過程中，看過這種現象。無辜的證人碰到律師挑戰他們的記憶時，似乎會想要反擊，深感茫然，甚至憤怒。走下證人台的時候，證人可能會有受辱的感覺，並對於剛剛發生的事感到困惑。

對旁觀的人（尤其是家屬）來說，審訊或審判過程帶來的創傷可能更嚴重。他們會聽到之前從未得知的、令人難過的訊息，必須聽心愛的人用陌生的方式描述事發經過，或是聽見和看見心愛的人臨終前的證據。他們或許跟心中認定的兇手相隔只有幾公尺遠。證據呈上法庭的時候，家屬可能會批判自己因為做了或沒做某些決定，但他們心中早就對事件本身充滿愧疚。私密的個人問題被當眾公開，可能是種巨大的折磨。如果案件本身備受關注，家屬跟朋友每次進出法院都可能被記者跟攝影機包圍。

對許多家屬來說，驗屍是特別痛苦的經驗。[13] 二〇〇一年，澳洲的刑事鑑識制度做出重大改革。因為有調查發現在驗屍之後，死者的臟器在未經家屬同意的情況下被留下來做研究，新南威爾斯格利伯（Glebe）的停屍間負責人因此下台。因為他們未經親屬同意就摘取了兩萬五千枚器官，這些器官被送往醫院、大學和博物館。這項調查還發現盜取死者遺物以及用遺體做實驗的情況，例如以銳器戳刺和鈍物敲

---

12 關於司法程序可能對參與者造成傷害的討論，參考了以下資料：Tait, G., Carpenter, B., Quedrelli, C., & Branes, M., 'Decision-making in a Death Investigation: Emotions, Families and the Coroner' (author's version), *Journal of Law and Medicine, 23*(3), 2016, pp 571-581; Carpenter, B., Tait, G., Stobbs, N. & Barnes, M., 'When Coroners Care Too Much: Therapeutic Jurisprudence and Suicide Findings' (author's version), *Journal of Law and Medicine, 24*(3), 2015, pp 172-183; Dillon & Hadley，著作同註 6。

13 英國的調查可參考：Freckleton, I., 'Death Investigation and the Evolving Role of the Coroner', Otago Law Review, 11(4), 2008, pp 565-584。關於格利伯停屍間的報紙報導，可參考：Whelan, J. & Brown, M., 'Body of Evidence', *Sydney Morning Herald*, 24 March 2001; Patty, A., 'Giving Him the Horrors: Morgue Tests Shock Coroner', *The Daily Telegraph*, 20 March 2001.

打遺體（可能是為了幫鑑識研究者了解人體受到特定傷害的痕跡）。幾十名痛心的家屬要求新南威爾斯健康署歸還被盜取的器官和財物。英國也曾爆發類似醜聞，同樣激起憤怒與改革。

這些醜聞遭到揭發是主管機關的一記警鐘，提醒他們必須改變。但揭發醜聞無法平息民眾的恐懼，關上門之後，沒人知道親屬的遺體會被如何對待。

在承認尋求正義可能會造成更多痛苦之後，要如何應用治療法理學來減輕傷害呢？不需要太複雜，珍．莫爾為茱麗葉說明尼克的命案現場照片，就是一個很好的例子。允許家屬在法庭裡把座位排得近一些，或是問他們希望死因裁判官如何稱呼往生的親人，就這麼簡單。也可以允許他們在法庭上展示照片，儘管這麼做與鑑識無關。法院寄出通知前，再度確認名字有沒有拼錯。准許家屬在聽證會上發表聲明，讓他們覺得自己也有發言權利，就像茱麗葉一樣。[14]

新南威爾斯的死因裁判庭（Coroner's Court）有一位善良又明理的年輕全職員工，她叫珍恩．格萊德曼（Jane Gladman），負責聯絡死者家屬。[15] 她提供家屬需要的任何協助，有一次甚至在一位傷心母親的要求下，在停屍間的人體廢棄物中翻找胎盤。我寫這本書的時候，珍恩正在遊說政府允許狗進入法院。因為有研究顯示動物能慰藉不安的心靈，珍恩認為值得一試。

治療法理學的觀念仍有爭議，不是所有的法界人士都贊同。法院為什麼要關心這種事？那不是心理學家跟社工的工作嗎？法庭的任務是執行正義，無須煩惱參與者及相關人士的情緒。法律最重視的是不帶情感的理性。法律是由事實、邏輯與智慧構成的領域，情緒、直覺跟主觀並不重要。要求法官考慮證人與家屬的心理健康，甚至改變法院的流程來照顧他們，根本就是在找麻煩。

儘管法律如此強調理性，但是許多在法官面前上演的故事，本質上都是最不理性的強烈情緒：憤怒、忌妒、情慾、悲傷。法庭上，人性被蒸餾到最純粹的狀態。法律能存在於情緒真空，這個想法顯然是無稽之談。如果我們相信法院的存在目的，是保存社會的價值觀和保護人民，那麼照顧走進法院的人的身心健康，或至少不要讓他們受到傷害，當然要納入法律的義務之中。

治療法理學確實引發疑慮，尤其是法官可能基於超越法律的考量而失去公正。

---

14 有幾個例子取自Tait, G., Carpenter, B., Quedrelli, C., & Branes, M.，著作同註12；Carpenter, B., Tait, G., Stobbs, N. & Barnes, M.，著作同註12；Freckleton，著作同註13。

15 私人訪談。二〇一六年五月，珍恩·格萊德曼於雪梨接受作者訪談。

許多律政官員每天都要面對死亡，而且是在可怕的情況下，他們必須確保自己的情緒不會影響理性判斷。發揮同理心的同時，可能很難維持必要的超然。正因如此，新南威爾斯的死因裁判庭才會僱用珍．莫爾。她仔細照顧家屬，滿足他們的需求，讓裁判官跟家屬保持一段距離。

法官比較容易對自殺案件產生情感上的糾結。澳洲與英國的研究都曾發現，若非絕對必要，裁判官通常都會抗拒判定死因是自殺。[16]這些研究說，部分是因為裁判官知道很多人依然覺得自殺非常可恥，有些宗教認為自殺很丟臉。除此之外，許多自殺案件本身就存在著不確定性，例如吸毒過量或溺斃。你或許認為，只要能安撫家屬，就算裁判官拒絕判定自殺，也沒什麼壞處吧？其實有很多潛在的壞處。政府依據官方統計數字來制定政策及分配資源。若自殺判定的數量低於實情，自殺問題就無法得到應有的關注。雖然澳洲政府已經知道自殺是嚴重的流行疾病，但令人憂心的是，實際情況肯定比官方數據嚴重，而原因正是刻意漏報。

儘管我們看到治療法理學的潛在缺點，卻無法反駁它確實值得實踐。媒體經常強烈抨擊法院，有些批評很有道理，有些則不太公平。例如法官的態度偏向罪犯，判刑太輕，訴訟過程不夠透明，法官本身支持某些行動等等。像這樣聚焦在負面的地方，會導致民眾對司法系統產生輕蔑和懷疑。但如果大眾不再尊重法律，也不再相信以法律為基礎的制度，我們的社會將會崩解。如果人民看到法院努力滿足每一個走進法院的人的需求，絕對可以贏得大眾的信任。

以茱麗葉·達伶為例，珍·莫爾在停屍間秉持治療法理學的原則並且謹慎應用，因此用其他做法辦不到的方式，幫助了茱麗葉接受眼前的惡劣情況。再加上神父與警探的仁慈，都支撐茱麗葉慢慢療癒創傷。茱麗葉認為最大的差別在於，這些專業人士把她視為一個人類，而不只是一個案件編號。

❖ ❖ ❖

尼克遇害三年後，茱麗葉遭逢另一個重大打擊：她二十六歲的兒子喬治在偏遠的原始森林施工時意外過世。他把一根沉重的橫樑抬到拱形屋頂上，然後躺在地上，呼出一口氣後心跳隨即停止。驗屍並未發現任何導致心臟衰竭的明顯原因。

16 Carpenter, B., Tait, G., Stobbs, N. & Barnes, M.，著作同註12。

史蒂夫神父主持喬治的追思彌撒。這場彌撒的節目單封面有一匹白馬，馬背上套著馬鞍，牠在一棵枝葉茂密的老樹下低頭吃草。馬背上有個可愛的男孩，大概十歲或十一歲，但是他沒有坐在馬鞍上。他面朝後坐在馬屁股上，雙臂漫不經心地交叉在胸前，兩腿垂放在馬尾旁晃蕩。他凝視鏡頭，雖然沒有笑，卻也沒有挑釁或不屑的感覺。他彷彿只是單純想表達：**我存在**。

茱麗葉唸了悼詞。她說喬治是個自由的靈魂，從很小就懂得放手的道理。茱麗葉想起很久以前，跟喬治一起去亞特蘭大的事。

「一個黑人老頭突然冒出來，遞給喬治一朵黃花。喬治非常優雅地收下這份禮物，沒想到老頭要求他付錢。喬治露出最溫柔的微笑，向前跨了一步，把花還給老頭。他優雅而自在地收下這朵花，現在也用相同的態度還回去。這就是喬治。他隨遇而安，順其自然。」茱麗葉告訴葬禮賓客。

生命也讓茱麗葉不得不學會放手。承受過失去尼克的痛苦之後，向喬治道別已不是痛苦二字所能形容。

「我記得有人跟我說：『茱麗葉，人總是會死。』」她哭著對我說。「我懂，但不該是你這輩子愛過的每個人都比你早走。」

「尼克過世後沒多久，你兒子也走了，悲傷的感受有什麼不同嗎？」我也覺得問這種問題很討厭，但我知道儘管會難過，她依然不會介意。若非她一開始就明確告訴我可以問，我是不會問的。

「痛苦是類似的。我兒子是一個很幸福、很快樂的人，總是悠然自在，但忽然間被奪走了，我的內在更常感受到他。尼克是另一個個體，他的離開留給我的感受是失去、空虛、孤獨。我兒子跟我融合在一起，我可以聽見他對我說：『加油，媽媽，你可以再一次去愛。』」

我告訴茱麗葉，當我知道她的兒子過世的時候，我非常難過。「我知道這個想法有點天真，但是你寫信告訴我喬治過世的時候，我覺得這實在太不公平了，因為茱麗葉生命中那個重大的可怕事件已經發生過了。為什麼要讓她再遭遇一次？我覺得很憤慨，儘管理智上我知道尼克過世並不能幫你的人生趨吉避凶。」

「對啊。」茱麗葉簡短回答。

我像個蠢蛋一樣喋喋不休，因為這件事如此悲傷，而我不像史蒂夫或葛蘭一樣，知道說什麼話才能幫助或撫慰她。最後，我決定把失敗的蛋糕從冷凍庫裡拿出來切切看。它沒有像我希望的那樣凝固變硬，而是在茱麗葉的盤子裡慢慢散開，宛如我滔滔不絕的笨拙話語。

「我現在變成一個疑心病很重的人，」茱麗葉說，「死亡真的讓我進入全新的、充滿懷疑的狀態，但我希望不是憤世嫉俗。」

「你懷疑什麼？」我問。

「『好人有好報』之類的想法。因為實際的情況是，有些事會有好結果，有些事不會。」

「努力必有收穫之類的老生常談呢？不見得成立。」我說。

「對，辛苦付出還是會破產。不勤勞的人反而贏了樂透，或是突然從朋友那裡繼承遺產。」

「那『沒打倒我的事會讓我變得更強大』呢？是真的嗎？」我問。

「不一定，」她說，「這句話可能是勸你乖乖待在家裡。這些想法都藐視了真實的世界與事實。我深愛的人過世之前，我以為有些事情注定會發生，也相信凡事必有因果，就像劇本裡的情節。但現在我知道沒有劇本，我覺得自己好像被丟進存在的真相裡，看見各種矛盾與意外。」

我們吃了蛋糕，又續了杯茶。儘管背負著沉重的悲傷與失去，茱麗葉既不憤怒也不怨恨，這一點跟華特一樣。

「你相信我，所以跟我分享了人生故事，」我說，「你希望讀者從你的故事中得到什麼收穫？」

茱麗葉想了一下。她的答案，跟麥克・史賓斯的經驗相互呼應。

「痛苦中，也有喜悅。你不可能只抱持一種想法：人生很美好，人生很糟糕，或人生很悲傷。一定是揉雜在一起。其實這世界有很多好人，很多的仁慈。他們無所不在。」

第五章
新的常態

跟茱麗葉一樣經歷過生命驟變的人，借用葛蘭・諾利斯的話，都必須適應新的常態。重大危機迫使我們一邊對照事實真相，一邊重新評估自己的人生觀。原本的想法不一定站得住腳，要在精神上與情感上適應顛覆生命的驟變，不是一件容易的事。為什麼有些人似乎復原得比較好？

說到生活態度面臨嚴酷考驗，幾乎沒有人能比得上史都華・戴維。他是澳洲最有名的災難倖存者之一。一九九七年，澳洲大雪山（Snowy Mountains）的特瑞坡發生嚴重土石流，史都華是唯一的倖存者。當時有兩棟滑雪旅館全毀，十八人罹難，包括他的妻子莎莉（Sally）。史都華被活埋六十五個小時，獲救時已瀕臨死亡。如此悲慘的遭遇，令人不禁再次搬出那個天真的想法：史都華這輩子的苦難已在特瑞坡土石流用盡了。遺憾的是，如同路意莎和茱麗葉的故事，生命還有一個驚人轉折在等著他。二〇一五年，史都華的第二任妻子羅珊娜（Rosanna）死於乳癌，留下他與四歲的女兒雅莉西亞（Alessia）。

「我知道大家會怎麼想，」我們碰面時，史都華告訴我，「雖然他們沒有說出口，但我知道他們在想：誰敢當第三任戴維太太？我也有一樣的想法。天啊，我的下一個對象必須背負這麼多事。」[1]

史都華四十七歲，長相非常俊俏，灰色捲髮，體格精瘦。曬黑的臉顯示他經常待在戶外。我抵達他在特瑞坡的小屋，他燒了一壺熱水，我們在他家客廳一起喝茶。雅莉西亞跟表姊在屋外玩耍，但房子裡的每個角落都有她的蹤跡：玩具、球鞋、畫作，小女孩愛玩的各種東西四處散置。

剛才你讀到史都華失去兩位妻子的時候，腦中是否閃過「他命中剋妻」之類的念頭？如果有，那是你的大腦為了建立因果關係的自然作用，這也是大腦會誤導你

1 私人訪談。二〇一七年一月，史都華・戴維於特瑞坡接受作者訪談。

的例子之一。史都華肯定運氣不佳，但是他沒有剋妻。他的第一個妻子死於極為罕見的可怕天災，這件事無論如何都不是史都華的過錯。他走出土石流的陰霾再婚之後，他成為鰥夫的機率等於歸零重來。遺憾的是，史都華的第二任妻子死於相對常見的原因：乳癌。對四十五到五十四歲的澳洲婦女來說，乳癌是頭號殺手，一年奪走四千零六十六條性命。[2]史都華的第一任妻子死於土石流很不尋常，但是第二任妻子死於乳癌（遺憾地）不算令人意外。

你或許在想：等一下，我還是覺得不到四十五歲就死了兩個老婆很奇怪。關於這一點，你想得沒錯。這麼年輕就當鰥夫兩次，**確實**很不幸。根據二〇一一年的澳洲人口普查（寫作當時最近期的資料），澳洲的成年男性有八百多萬人。其中跟史都華同年以及比他年輕的鰥夫，只有六千兩百三十九人。[3]四十四歲就已喪妻兩次的機率，有點像是在扔銅板。史都華失去第一任妻子，這件事既不會減少也不會增加他再次喪妻的機率。就像是扔銅板扔到十次正面朝上，並不會減少或增加第十一次也是正面朝上的機率。當你第十一次把銅板往上拋，正面朝上的機率是百分之五十。連續十次正面朝上，不會讓第十一次反面朝上。失去莎莉與失去羅珊娜，這兩件事毫無關聯，沒有因果關係，而且肯定不是史都華．戴維造成的。儘管如此，就像連續十次正面朝上一樣，相同結果連續出現的次數愈多，發生的機率就愈低。

讓我們想像一下未來。假設明年史都華會遇到他的第三任妻子，跟她結婚。我們已經知道他的過去無法幫他抵擋厄運，所以幸福快樂不一定是必然的結局。我們也知道擁有悲慘的過去，不代表他的未來也會很悲慘。第三任戴維太太擁有自己的命運，跟史都華的過去無關，所以她不需要特別擔心自己會被史都華連累。

那史都華自己呢？他第三次成為鰥夫的機率有多高？再度踏入婚姻是值得冒的險嗎？假設史都華的妻子跟他同歲。四十七歲的澳洲婦女在未來十年內的死亡機率是百分之二・一，最有可能的死因依序為乳癌、自殺與肺癌。[4]就算加上嫁給史都華之後增加的死亡風險（跟一般澳洲女性相比，她死於滑雪意外的機率較高、死於車禍或墜機的機率也會上升。因為史都華喜歡旅行，他們可能會常常一起旅行），她的死亡機率依然不會因為史都兩度喪妻而增加，他並不剋妻。事實上，戴維家族

---

2 二〇一五年澳洲婦女的死因可參考澳洲統計局年度死因報告的第十三項數據資料：https://www.abs.gov.au/AUSSTATS/abs@.nsf/DetailsPage/3303.02015?OpenDocument（二〇一七年二月十八日存取）

3 這個數字由澳洲統計局提供，資料來源是二〇一一年澳洲人口普查數據的社會基本概況。

4 四十七歲的女性於未來十年的死亡機率以及最有可能的死因，數據由澳洲統計局提供，資料來源是年度死因報告。

最有可能面臨喪親之痛的人是第三任戴維太太，因為澳洲女性的平均壽命比男性多兩年。史都華比第三任妻子先死的機率比較高。

或然率與統計很複雜，在澳洲統計局（Australian Bureau of Statistics）的邁克·威爾森（Michael Wilson）的協助下，我花了兩個多禮拜才算出以上的數據。好不容易把數據合理地寫進這些段落之後，我有再寄給他幫忙確認。

「完全合乎邏輯，」邁克在回信中說，「但雖然你費了這麼多工夫，我敢說讀者看完還是會覺得：就算如此，我還是覺得史都華剋妻。」

惱人的是，他說得八成沒錯。對大腦來說，命中注定再怎麼愚蠢，還是比牽涉多重邏輯步驟的複雜計算來得更容易理解。

史都華對於剋妻這種無稽之談，倒是自有一番理性的見解。

「當你過度解讀一個悲慘的遭遇，例如告訴自己『我很倒楣』或『這是報應』之類的，就表示你正在過度解讀自己。你把自己想像得比實際上更重要。」史都華說。他告訴我，他是「那棟建物裡幸運兒，因為有八千噸土石壓在建物上，偏偏就是沒壓到我。如此而已，不需要深入解讀。後來我成為世上最幸運的人，因為認識了羅珊娜。我們共度了十六年，幸福美滿。她跟很多人一樣得了癌症，不幸過世。但這件事跟**我**沒有關係。這只是生命裡發生的一件事。」

一九九七年，年紀已經大到可以看電視的人，幾乎都記得史都華・戴維在特瑞坡土石流中奇蹟似地逃過一劫。[5] 一九九七年的史都華二十七歲，他是滑雪教練，跟妻子莎莉一起在特瑞坡定居和工作。七月三十日晚上十一點半左右，他們的公寓開始震動搖晃，所有的東西都掉落，窗戶由外往內被撞破，他們躺在床上，碎玻璃迎頭灑下。兩人震驚地坐起來，牆壁跟天花板也開始倒塌。莎莉尖叫著說自己動彈不得，她的腰部以下已失去感覺。史都華的情況好一些，他身旁還一點點活動空間。

這時候史都華跟莎莉還不知道，壓垮這棟建物的是高山公路（Alpine Way），這是特瑞坡的幹道。豪雨、融雪加上公路下方不穩固的地形，使公路變得脆弱而致命。兩千平方公尺的液化土壤加上洶湧的水流，只花了幾秒鐘就把兩棟滑雪旅館壓在一起，史都華與莎莉就住在其中一棟。

5 關於特瑞坡土石流和史都華的遭遇，參考了以下資料：Diver, S., & Bouda, S., *Survival*, Pan Macmillan, 1999, Sydney; 特瑞坡土石流的死因裁判報告：http://www.coroners.justice.nsw.gov.au/Documents/thredbo%20landslide%201997%20-%20finding%20and%20recommendations.pdf（二〇一七年二月十七日存取）；特瑞坡度假區網站的歷史區記述了這場土石流：https://www.thredbo.com.au/village-life/about-thredbo/history/the-road-collapse-of-97/（二〇一七年二月十七日存取）

正當他們在黑暗中試圖搞清楚狀況時，他們受困的那個狹小空間開始湧入冰冷的泥水，他們發出痛苦與害怕的尖叫聲。接下來發生的事情很恐怖，超越我的描述能力，但史都華在他的書中描寫得很真實：

> 我捧著莎莉的臉。我沒辦法推開她身上的床頭板，它卡得很死。我用盡全力，天啊，我很想推開它。水非常冰，冰到令人窒息。水位持續升高，我用手蓋住莎莉的嘴，我必須阻止水繼續流進來。水位一直上升，一直上升，沒有用。我感覺到水滲過我的指尖，流進她嘴裡。我必須擋住水流。拜託，我必須擋住水流。水不停湧進來，我擋不住。她的鼻子進水了，水填滿她的肺，讓她慢慢地溺斃。我的手還蓋在她的嘴上，我摸著她的臉，肌肉緊繃扭曲。尖叫聲停止了……我感覺到生命從妻子的身體裡流逝……她整個人放鬆。我看不見她的臉，但我知道她的表情一定充滿恐懼……我把手鬆開。

水位持續上升，來到史都華的下巴下緣，他緊貼著坍塌屋頂附近的一小塊空間。當他以為自己即將溺斃的時候，泥水突然開始退去。在獲救之前這段漫長等待期間，同樣的情況反覆出現：水流進這個狹小空間，直到史都華以為自己將被淹沒，卻總是在最後一刻慢慢退去。有時他很想死，也考慮過乾脆放棄，讓自己滑進水裡，結束身體跟情感上的痛苦。

於此同時，外面有超過一千人的大規模救援行動，但主要目的是挖掘遺體，而不是尋找生還者，沒有人期待能找到生還者。史都華聽見地面上的工人發出的聲音，但是他們聽不見他的聲音。八月二日早上剛過五點半，土石流發生兩天半之後，搜救專家的偵測儀器發現一塊水泥板底下有動靜。

「上方有救援團隊，有人聽到我說話嗎？」其中一人喊道。

「我聽見了！」史都華大聲說。

救援專家問史都華身上有沒有傷，他大聲回答：「沒有，但是我的腳快凍死了！」

又等了十一個小時後，才終於從斷垣殘壁中救出史都華。有一張特寫照片[6]是他一臉茫然，眼睛尚未適應光線，頭髮沾滿乾掉的灰泥。這是澳洲史上最有名的新

6 我無法確定這張著名的照片是誰拍的。史都華認為是新南威爾斯救護車服務隊的保羅・菲瑟史東（Paul Featherston），然後菲瑟史東再把這張照片提供給澳洲聯合新聞社（Australian Associated Press）。想看這張照片，請上：https://www.australiangeographic.com.au/blogs/on-this-day/2013/11/on-this-day-thredbo-landslide/

聞照片之一。

史都華・戴維的成功獲救在澳洲人心中留下的印記，幾乎不亞於一九八三年澳洲贏得美洲盃帆船賽（America's Cup），或是凱西・弗里曼（Cathy Freeman）在二○○○年雪梨奧運贏得金牌。舉國上下似乎一起屏住呼吸，然後在他被救出來的那一刻同時鬆了一口氣。那是人類戰勝不可能的困難、振奮人心的一刻，數以百萬計的澳洲人經由電視機分享了這個時刻。孩子們把自己的泰迪熊寄給住院的史都華，老奶奶為他冰冷的雙腳織襪子，他收到成千上萬封信件。走到哪裡都會有人拍拍他的背說：「恭喜。」

「每一個主動走向我的人，說的都是很棒、很正面的話，」史都華說，「但這增加了處理痛苦、悲愴與哀悼的難度。」

「我不僅失去了妻子，還有十六位朋友，這是一個巨大的悲劇，我需要一個漫長的哀悼過程。獲救後無論我在做什麼，都會覺得我的行為影響的將不只是我的家人，也會影響他們的家人。例如在電視上談及那些回憶，諸如此類的事。對一個二十七歲的年輕人來說，這是沉重的壓力。」

媒體的關注排山倒海而來。跟詹姆斯一樣，史都華也是這起重大事件的唯一主角，各家媒體都想率先採訪到他。他也跟史考特家族一樣雇用了哈利．米勒當經紀人。不過有一點不同，史都華對哈利的服務非常滿意。

「哈利把我當成兒子。他是全世界不講情面的談判者，但是他把我們保護得很周到。他只想好好保護『史都華．戴維品牌』。看看我現在的樣子，這二十年來我沒看過對我有負面評價的文章。這一切都要歸功於哈利，我曾經多次建議有類似遭遇的人雇用專業的媒體經紀人，這是最好的作法。」

但儘管有專業的經紀人、友善的媒體與支持他的大眾，史都華依然在這個過程中受了傷。

「媒體的關注都放在事件正面意義上，我自己也刻意選擇放大積極正向的那一面，因為我想呈現那種克服一切困難的形象。特瑞坡的民眾可以好好活下去，我會繼續努力，一切都會很好。我不想在《六十分鐘》裡出醜，在電視上嚎啕大哭。我會在採訪開始前或結束後才哭，我要傳達一種有自信的、正面的『你能解決任何人生困境』的觀念。但長期而言，那種作法對我大大有害。」

「怎麼說？」

「第一，有些人覺得我冷血無情。第二，這讓我更難面對痛苦與悲傷。正因如此，我花了很長的時間哀悼莎莉的逝去。」

我無法想像以那樣的方式失去莎莉，就像一場逼真的噩夢，會把你一身冷汗地嚇醒，必須立刻開燈起床，喝一杯水，然後告訴自己那只是個夢。我很難相信那樣恐怖的事情，真真實實地發生在我對面的這個人身上。

我問史都華後來怎麼接受妻子死去的方式，他說：「你必須這麼告訴自己：我只有兩個選擇。一個是什麼都不做，怨天尤人，沒人會責怪你。我可以覺得自己很可憐，因為發生在我身上的事很悲慘。我會自怨自艾，但是，我不能永無止盡地自怨自艾，不然會瘋掉。仔細想想莎莉死於土石流這件事，無論如何，我就是救不了她。再仔細想想當時的情況，房子倒塌的那幾秒，我做了哪些正確選擇？我試著逃脫，但顯然逃不掉。然後我才想辦法救莎莉。在生命承受最巨大的壓力時，那一刻我先照顧了自己，這是本能。然後我才試著幫助她不要溺水。這整件事看起來相當悲哀，但其實並不悲哀，因為我做人的基本信念就是幫助其他人，互相照顧。所以在面臨最巨大的人生壓力時，我照顧了她。」

多年來，史都華接受了大量的專業諮商，重新訓練大腦。他不再去想莎莉過世的時候，他有多麼無助，用真相取而代之：他盡了最大的努力救莎莉，這證明他非常在乎她。他學會用兩人共同生活時的美好記憶，取代莎莉臨終前的情況，例如很棒的旅行、有趣的生日、特別的時刻。他家客廳的角落放著一輛腳踏車，他每晚都騎車。他說維持心理健康的方式，跟維持身體健康很像。很辛苦。需要練習，也需要紀律。

史都華說，用正面的想法取代悲傷和負面的想法，叫做「鎖住記憶」。因為學會這個方法，所以當第二任妻子確診癌症，知道她存活無望的時候，他已經知道如何做好心理準備。莎莉過世的時候，他毫無準備。但他在失去莎莉的療癒過程中汲取經驗，幫自己做好失去羅珊娜的心理準備。有很長一段時間，他跟羅珊娜都知道她沒有治癒的希望，於是他們一起展開哀悼的過程，鎖住記憶是其中一個作法。

「有無數種方式能鎖住記憶，」他為我說明，「拍最棒的照片是個好方法。還有一些小東西，比如在外面吃了一頓很愉快的晚餐後，把酒瓶的瓶塞留下來。留下喝過的頂級紅酒的瓶塞，把瓶塞放在壁爐台上，每次看到瓶塞，不要去想另一個人已經不在了，他過世後你有多痛苦，而是讓它提醒你那頓晚餐多麼美好，或當時的我們有多快樂。

「一起做這些事，」他繼續說道，「到了她真正離開的那一刻，你們已經哀悼得差不多了。有人說這樣太極端了，聽起來非常無血無淚，但是我覺得這個方法超棒。我們也讓雅莉西亞一起做，那時候她才四歲，但是在羅珊娜過世前的那段時光，我們一起鎖住記憶，討論愛，討論家人永遠彼此照顧，討論每個人都會永遠活在自己心中。」

史都華指著客廳中央的一個大五斗櫃。「這整個五斗櫃裡裝滿衣服跟禮物，還有羅珊娜寫給雅莉西亞的、直到她十八歲為止的生日卡片，她還整理了一本最喜歡的菜色食譜。這是我做過最艱難的事，對羅珊娜來說也是。這件事很神奇，身為人類，就算有機會為某個人的離世做準備，百分之九十五的人不會提前做，因為太難受了。要等到人走了之後，大家才開始驚慌，亂成一團。『真希望我有先跟他們討論過，要是做了這個那個就好了。』因為這真的很難。」

「你必須放下圍繞著癌症的那些鼓勵才有辦法做到，例如『一定要加油』。」我說。

「沒錯。」

「你必須放下所有抗拒，面對現實。」

「一點也沒錯。當一切結束之後，當你面前的人停止呼吸、真的死去的時候，我以為我已做了萬全準備，其實你不可能做好準備。你看著他們，你知道這件事會打擊你很久很久。但是羅珊娜過世的時候，感覺不一樣。我在她死後一小時走出病房，當時我神奇地覺得非常平靜，因為她的痛苦結束了，她不再受苦。我有雅莉西亞陪著我，我覺得一切都會好起來。你知道嗎，」他說，「我能比較這兩種經驗，是因為我在兩種截然不同的情況下失去妻子。一種情況是能事先準備，另一種完全無法準備。如果能事先準備的話，只有一種方式，就是我跟羅珊娜選擇的這一種。」

「要是我在你二十五歲的時候跟你說：『接下來的二十年，你的人生會碰到這些事』，你能料到自己居然如此堅強嗎？」我問。

「不可能，我會嚇出心臟病。我會說：絕對不可能。而且我一定料想不到經歷過這些事之後，我能變成現在這個幸福快樂、享受生命的自己。」史都華說。「我常說，**旁觀**我的人生要比**經歷**我的人生更辛苦。他們難以理解我如何撐過這一切，但我只要做自己就好，這些事會自動發生。」

在為這本書考慮訪談史都華之前，我有點猶豫。因為我知道他當了二十年身不由己的名人，最近又失去了第二任妻子羅珊娜。我聯絡了一個我們共同的朋友，若史都華有興趣的話，請他寫信給我。他主動聯絡我，我們聊了一下，他向我保證不管我問他任何問題，都不可能給他造成更多痛苦，他為了接受自己的遭遇付出許多努力。

跟史都華面對面坐在一起的此刻，我相信他所言不虛。若不是他在言談中透露出真實的脆弱，例如他很擔心沒人敢來應徵第三任戴維太太，不然真的會覺得他未免**過度**淡定。這件事他說了好幾次，顯然他是真的擔心。他的直言不諱令我驚訝，跟記者打交道一輩子的人通常都挺守口如瓶。他的思路條理分明、實事求是，這一點也出乎我的意料。我只能猜測他原本就個性堅強，擅長排解情緒，這些傷心遭遇剛好突顯出他的人格特質，他不是後天才學會的。史都華自己也堅信，他在本質上與兩次人生悲劇發生之前的自己並無二致。

雖然他保證我想問什麼問題都可以，但是有一個問題讓我感到猶豫。這個問題跟他女兒有關。

「你比任何人都明白，可怕的人生驟變隨時可能出現，」我惶恐地說，「你有沒有擔心過雅莉西亞會出事？」

聽完這個問題，史都華似乎完全沒生氣，也不緊張。回想起來，一個人要是跟他一樣經歷過這麼多慘事，肯定早就考慮過最最糟糕的情況。

「這我也有心裡準備，聽起來有點恐怖，但我確實想像過這種情況，比如說雅莉西亞在游泳池裡淹死。我一定會極度心痛，但我會回顧她六年的人生。頭四年，她每天都跟羅珊娜在一起，那是一段特別的成長經驗。三趟精彩的海外之旅，她被愛包圍，特瑞坡的每一個人都很愛她。她的人生快樂美好，我已做好『精彩一生』的心理建設。我們在美國開心地待了五個星期，超棒。每天都滑雪五個小時，每天跑步五趟，然後喝一杯熱巧克力。我們去過各式各樣的地方，無論她死後我有多麼心碎，我都會鎖住這些記憶。」

「多數人完全不會考慮這種事情，」我說，「我們不會一邊走在街上，一邊想到自己有多脆弱，我們以為自己天下無敵。你是否認為你的經驗，使你重新評估你的生命價值？」

「土石流之前，我從來沒有檢視生命價值或信念的必要。我看了臨床心理師之後，我們歸納出我有十三或十六個基本信念，其中一個是照顧他人。去問認識我很久的家人跟好友就知道，我還是原本的我。我想這來自我父母的教養方式，我有很好的道德指引。」

「你的人生經歷過兩次重擊，我相信小小的打擊也不少。你覺得心理復原力是一種有限的能力嗎？」

「不，我認為你一定會恢復，」史都華說，「現在的我比以前更加堅強。」

差點再度懷疑史都華說的到底是不是真心話，怎麼可能有人在經歷過那樣的事情之後還如此堅強？但這時候他又一次展現脆弱地說：「我確實非常擔心一件事，像我這樣的人，還有多少愛能夠付出呢？愛是有限的資源嗎？」他的聲音透露出疲憊，幾乎令我哽咽。我這才明白即使堅強如他，還是會恐懼跟懷疑。

「莎莉情況特殊，」他說，「但羅珊娜走之前，那段日子我每天照顧她，每天都宣洩豐沛的情感，那是個巨大的創傷。我確實想過自己或許不會再談戀愛，因為我應該受夠了。但是這一年半以來，我一直在想，或許是我把事情想反了。在情感上陪伴另一個人經歷那樣的過程，其實是有回報的。我現在跟雅莉西亞的情感羈絆，我們對彼此的愛，也是如此。所以我認為愛應該是源源不絕的。」

彷彿算準了時間，我聽見前門打開的聲音，一個超可愛的六歲女孩頂著棕色捲髮，蹦蹦跳跳地跟表姊一起走進來，雅莉西亞回來找爸爸玩。我帶了幾個彩色髮夾送給她，她接過髮夾，把它們夾在瀏海上，然後立刻跑去照鏡子。雖然她什麼都沒說，但我知道她一定很開心，因為她跑回來摟著我的腰緊緊抱了一下，又蹦蹦跳跳地跑走了。史都華經常面臨死別，但雅莉西亞散發旺盛的生命力，我看得出她是推動史都華繼續前進的力量。除了女兒，史都華也有很多繼續享受人生的理由：他的朋友，度假區營運經理的工作，他對滑雪及戶外活動的熱愛。生命給他重擊，但生命也給他美好的禮物。

關於這一點，史都華比誰都清楚。在我闔上筆記本之際，他讓我看見支持他繼續前進的樂觀與堅強。「我這一生有過不可思議的經歷，結局有喜也有悲。我已經活過最精彩的人生。」

❖ ❖ ❖

辭別史都華與雅莉西亞之後，我得開三小時的車，沿途經過矮樹叢與連綿不斷的農場，接著，抵達坎培拉後，再搭飛機回家。我關掉收音機，在寂靜中一邊開車一邊想著史都華。他真是一個了不起的人，經歷過那麼悲慘的事情，卻沒有變得憤恨、恐懼或瘋狂。要接受生命如此對待，必定需要很多的堅強與紀律，令人嘆服。想像一下他知道自己將再度失去妻子，而且還要獨自撫養女兒的那一天。我不想說謊，我確實沒有什麼有深度、有價值的感想。跟他聊完之後，我馬上在心裡篩選單身的女性友人，看看有沒有適合的對象能介紹給他。他害怕沒人敢應徵第三任戴維太太，但我相信他的擔心是多餘的。我馬上就能列出一張優質候選人名單。

身為記者，我報導過許多天災人禍，我知道不是每個人都像史都華一樣應付得這麼好。面對生命的驟變，每個人的反應都不一樣。有些人沒想到，原來自己內心深處蘊藏如此豐富的能量。有些人化痛苦為力量，積極呼籲改變，以免將來有人再次承受相同的苦。我想到蘿西・貝帝（Rosie Batty），她的兒子被親生父親盧克（Luke）殺死，於是她全心全意、大聲疾呼澳洲人正視家暴問題。

並非人人都能變成英雄或是啟發人心，我們也不應該對別人懷抱這樣的期待。如果華特、蘿西或史都華躲在家裡自我封閉，也完全在情理之中。若易地而處，你我能堅強地往前走嗎？我採訪過的新聞中，不乏有人因為自身遭遇而困惑茫然不知所措。受到創傷的大腦像汽車打入空檔，再怎麼狂踩油門，引擎轉速再怎麼快，還是只能原地不動。

採訪過的天災人禍之中，有一則新聞在我心頭縈繞了許多年，新聞的主角叫茱蒂・科弗可（Judy Kovco）。她的兒子傑克・科弗可（Jake Kovco）是二等兵，死於二〇〇六年，是第一個在伊拉克戰爭中喪生的澳洲人。[7] 許多澳洲人會記得他的名字，是因為在他死後發生了一個可怕的錯誤。軍方不小心把傑克的棺材留在科威特混亂的停屍間裡，他們運上飛機的棺材裡躺著一名波士尼亞籍僱傭兵，棺材上還裹著一面澳洲國旗。不知道為什麼，這個錯誤在飛機尚未抵達澳洲之前就被發現。當時的澳洲國防部長布蘭登．奈爾森（Brendan Nelson）把這件事告訴正在機場等待的家屬，這是一個無法原諒的錯誤，令傷心欲絕的家屬更加痛苦。

這個案子也讓人懷疑軍方的行為遮遮掩掩、混亂不清，有掩蓋事實之嫌。後來軍方內部與外部各自進行了調查，發現傑克的死因並無陰暗內幕，傑克在軍營裡玩槍的時候不小心射中自己而喪命。

傑克是獨生子，他的母親茱蒂非常心碎。喪子的悲痛一波三折，導致茱蒂難以接受傑克死於自作自受。她不相信軍方的調查結果，於是在她的極力要求之下，又進行了第二次獨立的死因調查。她亟欲得到一個不能怪到傑克頭上的死因。是不是他殺？還是為了保護其他士兵而刻意隱瞞的意外？

7 在事件落幕後不久，我第一次關於傑克．科弗可死因的調查報導：Sales, L., 'When a Mother Can't Let Go', *Sydney Morning Herald*, 5 April 2008. https://www.smh.com.au/news/national/when-a-mother-cant-let-go/2008/04/04/1207249460500.html（二〇一八年二月三日存取）。此外，我也參考了我當時針對軍方調查與審訊所做的筆記。

看著茱蒂在第二場審訊中作證，每個在場的人心中都很緊張。她看起來情緒穩定，妝容精緻，金髮梳理得很整齊，說起話來心平氣和，但還是有什麼地方怪怪的。她顯得心不在焉，彷彿只是從悲傷的床上暫時醒來一下。她擠出一個怪表情，說了幾個失敗的笑話。她臉上掛著淡淡的微笑凝視遠方，好像正在腦海中跟兒子對話。

「直到今天，我依然覺得自己做得很完美。」茱蒂在法庭上說。

現場陷入尷尬的沉默。

「你說的完美，指的是你兒子嗎？」律師問。

「當然，」她似乎覺得這個問題的答案顯而易見，「傑克很完美。」

從她說話的神情看來，這不只是一位母親對孩子的過度稱讚。她顯然相信這是一個客觀事實。茱蒂還說了其他矛盾的話，例如她跟兒子之間從來沒有祕密。她站在證人台上，沒有痛哭流涕，也沒有失控，卻讓人覺得她像一隻被困在室內的鳥兒，瘋狂振翅想要逃出去，卻一次次撞在窗戶上。她走下證人台時，法庭裡的每一個人都相信傑克的死與遺體歸國時的錯誤，早已摧毀這位母親。我為她感到心痛。

陡然遭逢劇變的人，通常一開始都會崩潰，但最後（不可思議地）他們大多會適應新的常態。不過他們會在第一階段停留多久，對第二階段的適應程度又是如何，則是完全因人而異。為什麼有些人會崩潰那麼久，有些人卻能快速恢復基本生活功能？哪些因素對適應有幫助？

從特瑞坡回來之後，我繼續研究心理學資料。發現影響我們適應人生驟變的因素可分為三類：事件的本質、遺傳，以及我們對世界運作方式的內在信念，而這種內在信念主要源自個人經驗。[8]

事件的本質會影響當事人的復原程度，這一點似乎不言自明，史都華・戴維就是一個好例子。如他所言，第一任妻子死在他面前，造成的創傷超過第二任妻子的離世，因為他有時間準備接受第二任妻子的病逝。人生總會遇到許多難以接受的事，但有些事特別痛苦，例如白髮人送黑髮人，或是目睹心愛的人慘死，諸如此類的事件會讓個人生活突然面臨嚴重威脅。

8 關於適應以及影響適應的因素，以下的資料對我甚有助益：Lepore, S.J. & Revenson, T.A., 'Resilience and Posttraumatic Growth: Recovery, Resistance, and Reconfiguration', *Handbook of Posttraumatic Growth: Research & Practice*, 2006, 取自：https://login/ezproxy.net.ucf.edu/login?auth=shibb&url=http://search.ebscohost.com/login.aspx?direct=true&db=psyh&AN=2006-05098-002&site=eds-live&scope=site; Wilson, T.D. & Gilbert, D.T., 'Explaining Away: A Model of Affective Adaptation', *Psychological Science*, *3*(5), 2008, pp 370-386; http://doi.org/10.1111/j.1745-6924.2008.00085.x

除了事件之外，我們遺傳自父母的生理機制與人格特質會決定我們對逆境的適應力，比例約占百分之四十到五十。正因為如此，史都華才會說：「去問認識我很久的家人跟好友就知道，我還是原本的我。」他說的可能沒錯。他天生就很堅強、有決心、積極正面，這種個性對他適應人生的驟變大有助益。

與復原有關的人格特質包括樂觀、外向、吃苦耐勞和適當的自我意識。舉例來說，樂觀的人在解讀一個可怕的事件時，比較能夠把焦點放在事件的正面意義上，例如華特·米卡奇從艾蓮娜與瑪德蓮基金會得到撫慰。有許多苦難研究，癌症、心臟病、風濕疾病與愛滋（HIV）的研究，發現樂觀與正面的結果之間存在著關聯性。此類研究深植人心，或許能解釋為什麼我們會被霸道的「正面思考」疲勞轟炸，彷彿樂觀本身具有奇蹟似的療效，而不只是一種適應現況的工具。勸不想「正面思考」的人這麼做，或許反而是種傷害，因為這可能使對方更壓抑情緒或認為自己很失敗。

有一個頗具影響力的適應理論，預設每個人天生的情緒平衡與快樂都是固定的，稱為「定點」（set point）。[9] 有點像是內在的情緒標準，命運的好壞會使它短暫起伏，但是它終究會回到原本的位置。

一九七八年有一個著名的相關研究比較了三組受試者，包括對照組，樂透得主，以及一組最近脊椎受重傷的人。短期而言，中樂透肯定令人情緒高昂，失去行動力顯然非常悲慘。但是一年之後，情況改變了。樂透得主的快樂程度並未顯著高於對照組，脊椎傷患的快樂程度既沒有低於對照組與樂透得主，也不再像剛受傷時那麼不快樂。二〇一三年也有一項類似的研究。這項研究同樣追蹤了幾組受試者，但時間不是傷後一年，而是傷後二十年。二十年後，三組受試者都適應了改變後的人生，回歸到原本的定點。

自一九七八年的研究以來，心理學家一直懷疑情緒平衡是否真的固定不變。有一個德國研究追蹤了四萬人二十一年，還有一個英國研究追蹤兩萬七千人十四年。用這麼長的時間追蹤這麼多人，研究人員有機會仔細檢視各種重大事件的影響：離

9 關於定點理論的討論，參考了以下資料：Lucas, R.E., 'Adaptation and the Set-Point Model of Subjective Well-Being', *Current Directions in Psychological Science*, 16(2), 2007, pp 75-79; http://doi.org/10.1111/j.1467-8721.2007.00479.x; Hayward, H., *Posttraumatic Growth and Disability: On Happiness, Positivity, and Meaning*, Harvard University, 2013; Headey, B. & Wearing, A., 'Personality, Life Events, and Subjective Well-Being: Toward a Dynamic Equilibrium Model', *Journal of Personality and Social Psychology*, 57(4), 1989, pp 731-739; http://doi.org/10.1037/0022-3514.57.4.731

婚、親友的逝去、失業、失去孩子、身心失能等等。有些人的定點變高了，有些人永遠陷入沮喪。這是一個已經成熟且可以深入研究的領域。

史都華．戴維跟我聊天時提到，除了個性之外，想要理解適應過程還有另一項關鍵。他告訴我在心理治療的幫助下，他發現土石流之前的他「有十三或十六個基本信念」，這裡的「基本信念」指的是他對世界運作方式的主要假設。我們每一個人，無論有意識或無意識，都抱持著這些根深蒂固的信念，也就是思維模式（schema）。思維模式因人而異，從幼年時期開始經由個人經驗與成年人的教導慢慢形成。造成重大創傷的事件會摧毀一個人的思維模式，猶如一場心理上的車禍。思維模式可以慢慢修復，也可能在徹底摧毀之後，被另一種思維模式取代。

一個人會有許多思維模式，例如與正義、控制、可預測性、靈性、自我意識有關的信念。[10] 和茱麗葉．達伶的訪談接近尾聲的時候，我們快速地聊過一些：船到橋頭自然直，努力必有收穫，沒打倒我的事會讓我變得更強大等等。常見的思維模式可分成三類。第一類與善意有關，例如「好人有好報」，或是「愛一定能戰勝仇恨」。第二類與外在世界的運作方式有關，例如「事出必有因」，或是「命運天注定」。第三類與自我意識有關，例如「我一定是個壞人，因為我總是碰到壞事」，或是「我很努力，所以一定能實現夢想」。

無論你是否察覺到自己的思維模式，它們都會深深影響你的思想、行動與行為。當你解讀別人的行為時，它們發揮濾鏡般的作用。在你判斷如何與朋友、陌生人互動時，它們是你的判斷憑藉，它們也會幫你預測和計畫未來。甚至在你接收到新資訊的時候，也是由它們主宰你注意到什麼、記住什麼。我們會注意到那些強化既有思維模式的事，淡化或否定與既有思維模式牴觸的資訊，這種情況叫做確認偏誤（confirmation bias）。

確認偏誤幫助我們維持情緒上和心理上的穩定。前面提過，渴望因果關係是人類的天性。我們需要知道事件背後的原因，這樣大腦才能接著去思考其他問題。

---

10 關於思維模式的說明，我參考了以下資料：Park, C.L., 'Making Sense of the Meaning Literature: An Integrative Review of Meaning Making and its Effects on Adjustment to Stressful Life Events', *Psychological Bulletin, 136*(2), 2010, pp 257-301; http://doi.org/10.1037/a0018301; Janoff-Bulman，著作同第1章註12：Janoff-Bulman, R., Calhoun, L.G. & Tedeschi, R.G., 'Schema-Change Perspectives on Posttraumatic Growth', *Handbook of posttraumatic growth: Research & Practice*, 2006, pp 81-99, 取自：http://rlib.pace.edu/login?url=; http://search.ebscohost.com/login.aspx?direct=true&db=psyh&AN=2006-05098-005&site=ehost-live&scope=site

一個事件愈符合我們的既有思維模式，大腦就愈容易把它歸檔結案。人生驟變之所以會令心理和情緒崩潰，是因為它粉碎了既有思維模式，讓大腦不知道如何理解或詮釋這世界：這麼可怕的事情怎麼會發生在我的孩子身上？我為什麼會得到這種報應？我是好人！

既有思維模式遭到顛覆時，大腦的回應方式有三種。第一種是否認、封閉、壓抑反應，拒絕處理眼前的情況。短期而言，否認可能是有用的應付機制，因為它有保護作用。第二種是同化，想辦法把現況納入既有思維模式。史都華就是一個例子，他把他與莎莉共度的最後時刻，詮釋為自己即使承受巨大壓力也不忘照顧他人的一種證明。第三種是調整，也就是從根本上改變價值觀的核心信念。茱麗葉不再相信好人有好報，就是適應的例子。愈能夠用第二種或第三種方式回應，就愈能夠適應人生驟變，繼續往前走。

遭逢人生驟變之後，試圖把它納入既有思維模式，是我們悲呼「為什麼是我？」的原因之一。事實上，這個問題相當重要，因為它是幫助大腦處理事件的第一步。有好幾十個研究都曾記錄有多少人在碰到創傷事件之後會問自己這個問題（幾乎舉世皆然），以及探索這個問題對復原造成哪些衝擊。[11]

在這些研究之中，最具影響力的是以芝加哥復健中心（Rehabilitation Institute of Chicago）二十九位住院病患為受試者的研究。這群病患的年齡介於十六到三十五歲，全都因為嚴重意外而半身或四肢癱瘓，這些隨機的意外任何人都有可能碰到：車禍十一人，潛水意外六人，槍擊事件四人，私人飛機墜機一人，摩托車意外一人，滑翔翼意外一人，跌下樓梯一人，跳進乾稻草堆一人，還有一起高中美式足球的擒抱意外。剩下的兩個人，一個是在農場被掉落的橫樑擊中，另一個是被墜落的機械零件打到。他們每一個人的遭遇都是一個精彩的故事，充滿運氣、命運、巧合和看似微不足道的關鍵時刻。

研究人員訪談了每一位病患以及他們的醫生跟照顧者，了解他們在意外發生後的適應情況。每個病患都在回神之後，自然而然地問過自己「為什麼是我？」他們的答案可分為六種：命中注定、或然率、巧合、上帝、報應，以及把事件重新詮釋為好事。最受歡迎的答案是上帝這麼做必然有理由，無論他們能否理解這個理由，

---

11 Park，著作同註10；Bulman, R.J. & Wortman, C.B., 'Attributions of Blame and Coping in the "Real World": Severe Accident Victims React to Their Lot', *Journal of Personality and Social Psychology, 35*(5), 1977, pp 351-63; http://doi.org/10.1037/0022-3514.35.5.351

都只能選擇相信（例如路意莎．荷普跟麥克．史賓斯）。用巧合來解釋人生悲劇也很常見，他們會說：「這只是一場可怕的意外，可能發生在任何人身上。」

病患如何回應「為什麼是我？」的答案與他們的調適能力之間，存在著有趣的關聯性。調適得最好的人給的答案，顯示他們相信自己當初不可能避開那場意外，或是發生意外只能怪自己，不是別人的錯。舉例來說，有一位調適良好的病患說：「這件事注定要發生……我開車十五年了……不遇到致命意外不太可能。」如果是當事人自由選擇去做和經常做的事，他們通常會覺得任何人都可能發生意外，他們只是比較倒楣。

做自己不常做的事而受傷的人，通常調適得最差（例如平常用別種交通工具，但這次剛好搭別人便車），原因是他們認為自己有機會避開意外，而且他們很難停止思考「要是當初……」的情境。大腦無法把這個事件歸檔結案，調適不良也跟怨怪別人有關。調適得最差的病患之中，包括那位唯一無法回答「為什麼是我？」的病患。以幫助當事人調適來說，就算是「魔鬼那晚附身在上帝身上，讓上帝做了壞事」（某位病患的答案）這樣奇怪的解釋也行，似乎任何解釋都比完全找不到解釋來得好。只要能讓大腦繼續相信我們的存在具有一種根本的秩序與意義，任何說法都對復原有幫助。

當大腦不停思索一個可怕事件時（把這個事件放在心理學家稱之為主動記憶〔active memory〕的地方），它會用侵入式的想法反覆折磨一個人。[12] 有時候，這是因為事件本身與思維模式之間太難建立關聯，有時候則是因為大腦無法輕鬆建立新的思維模式。這是一個人難以繼續前進或「做個了斷」的原因（儘管我不喜歡「做個了斷」這種說法）。我在前面提過，短期而言，幾乎每一個因悲傷或可怕事件而心碎的人，都會出現這種心理創傷，但多數人都能適應。無法適應的情況並不罕見，也不意外地會導致行為異常。有些人可能會開始執著於陰謀論，無的放矢地究責或捏造意圖，有時還會不停寫信給主管機關或要求調查。

在法律界，這種人被稱為投訴狂，他們經常出現，以至於《澳洲死因裁判官手冊》裡有個章節專門在講如何用有同情心的方式處理投訴狂。[13] 內容提到「追求正義的念頭沒完沒了地驅策他們……（他們的）的抱怨源源不絕，涵蓋各種類型與目

12 Janoff-Bulman，著作同第一章註12。
13 Dillon & Hadley，著作同第四章註6。

標，時間長達數年，也毀了自己的人生。」這種行為可能導致家庭破裂，失去工作和朋友，因為他們的大腦過於執著事件本身的不公平或無解。

翻閱《澳洲死因裁判官手冊》使我明白一件事。目前為止，我在這本書裡提到的每個案例幾乎都曾有死因裁判官經手，包括林德咖啡館事件、亞瑟港槍擊案、土文巴洪水、尼克與克洛伊．瓦特妻兇殺案、特瑞坡土石流與傑克．科弗可二等兵之死。我很好奇，每天沉浸在意外悲劇之中的死因裁判官對於人類遭逢驟變時的反應，或許他們會有更好的答案。

為了採訪新聞，我曾在科弗可案審訊時期間天天坐在法庭的旁聽席。我需要找出那位主持審訊的裁判官叫什麼名字，我只記得她散發一種和善的氣質。

❖　❖　❖

我把科弗可案兩度調查相關的筆記和文件，都收在一個暗紅色的大紙箱裡，這個紙箱放在我家寢具櫃的最上層。我把紙箱搬下來，將裡面的文件攤放在書房的地上，終於找到那位裁判官的名字叫瑪麗．傑瑞姆（Mary Jerram）。此外也發現我在筆記裡不只一次提到她的同情心，她展現出一種鼓勵和同情的態度，使周圍的人感到心安。紙箱裡甚至有一封我寫給她的信，只是從未寄出。「親愛的傑瑞姆裁判官，」我寫道，「我在審訊過程中多次冒出一個念頭：若是我不幸落入必須出席此類審訊的境地，我希望能在法庭上遇到像你一樣體貼又善良的人。」

我把這封信塞進筆記本裡，一忘就是十年。終於拜訪瑪麗．傑瑞姆時，她說：「聽你這麼說，我很高興。」我非常幸運，瑪麗早已在二〇一三年退休，但臨時回來擔任新南威爾斯代理死因裁判官。[14]她每天上班的法院跟我家的距離走路只要十分鐘，她被請回來代班，是因為繼任她職位的麥克．邦斯（Michael Barnes）忙著主持林德咖啡館事件漫長的調查工作。她本來只是回來代班幾個星期，沒想到延長了好幾個月。

瑪麗年近七十，留著短短的棕髮。她穿著一件黑色套頭毛衣，外面搭一件短外套，搭配一條棕色混橘色的厚重項鍊跟黃色的樹脂耳環。她的眼鏡框是黑色搭配紅色，我們聊天的時候，她會用右手拿著眼鏡做手勢。她的雙眼明亮、炯炯有神。她

---

14 私人訪談。二〇一六年四月，瑪麗．傑瑞姆於雪梨接受作者訪談。

的辦公室裡有一張大大的木製辦公桌，但她請我坐在舒服的扶手椅上，這兩張扶手椅正對彼此，這樣聊起來比較輕鬆。

如果你很愛看派翠西亞．康薇爾（Patricia Cornwell）的女法醫系列小說或是影集《重返犯罪現場》（*NCIS*），你或許會以為法醫[15]必須在半夜前往犯罪現場，戴上乳膠手套撿拾屍體上的溼葉子，經常發現警方遺漏的線索，例如卡在指甲裡的微小字母。不好意思，我要打破你的幻想，澳洲的死因裁判官不做這些事。他們不檢查遺體，也不做罪犯人格側寫。他們不驗屍，也不在犯罪現場做鑑識工作，但如果他們想要的話可以旁觀。澳洲的死因裁判官是受過訓練的律師，通常都有擔任地區裁判官或法官的經驗。

基本上，死因裁判官的工作是找出真相。[16]他們負責調查突發的、意外的、無法解釋的、暴力的或可疑的死亡案件。他們試著找出一個人的死因，有沒有人必須為此負責？有沒有其他牽連？死因裁判庭的審訊不是審判，但裁判官可以建議是否提告。與審判不同的是，死因裁判庭的審訊不需要證明一件事「超越合理懷疑」。審訊的標準是「可能性是否平衡」。為了盡可能接近死亡的真相，裁判官會仔細檢查蛛絲馬跡，不遺漏任何線索，就算挖出尷尬的事實或觸犯隱私也在所不惜。他們的調查工作受到各方協助：警方、律師、心理學家、醫生、病理學家，甚至還有地質學或彈道學等特殊專家。

對社會來說，死因裁判官的存在有兩個重要意義。第一個是提供正確的死亡證明與紀錄，我們必須確知一個人的死因，我在前面提過，這會影響政府制定政策。第二個意義是藉由加強生命安全與生活品質，來維護生者內心的平靜。渡輪沉沒或橋梁坍塌之類的事件發生後，大眾必須相信類似的悲劇將來可以避免，才能安心度日。如果是政府或其他人的疏忽導致意外，死因裁判官會要求他們對直接受害者與社會大眾負起責任。政府賦予死因裁判官這樣的權力，就是在告訴國民，政府珍視每一位國民的生命。

死因裁判官常常碰到難解的案例，因為他們必須仔細調查異常與罕見的死亡事

15 譯註：「coroner」在北美洲是負責驗屍的法醫，但是在澳洲是調查與判定死因的裁判官，必須具備專業的法律背景。除此為解釋而翻成「法醫」，其它皆翻成「死因裁判官」。

16 關於死因裁判官的角色、功能與挑戰，參考了以下資料：Dillon & Hadley，著作同第四章註6；Tait, G., Carpenter, B., Quedrelli, C. & Barnes, M., 'Decision-making in a Death Investigation: Emotions, Families and the Coroner' (author's version), *Journal of Law and Medicine, 23*(3), 2016, pp 571-581; Freckleton，著作同第四章註13。

件，這些死因通常帶點神祕，這些死亡事件與登上新聞報導的隨機慘死事件高度重疊。

「這份工作令人沮喪嗎？」我問瑪麗。

「死因裁判官很常被問這個問題，」她說，「這份工作不沮喪，非常有意思。」

瑪麗說我問錯了問題，但她的回答讓我哈哈大笑。沮喪不是問題，焦慮才是。

「我老公今年七十三歲，他只要一咳嗽，我就覺得：糟了，他有癌症。」瑪麗說。「他如果在院子裡待太久，我就會覺得：不行，我最好去看一下。」

上個廁所就一去不返的案例對瑪麗來說並不陌生，所以要是同桌吃飯的人離開稍微久一點，瑪麗心中會有一絲緊張。至於警方的犯罪現場報告，只要看過幾份保證你家會變得煥然一新。

「他們會寫下『房子相當整潔，但是水槽裡有一個沒洗的髒杯子』之類的紀錄。所以我每次出門前都會先想一下：有沒有該洗的東西還沒洗？」她笑著說。

瑪麗的第一份工作是高中老師，但是很快地就發現這工作不適合她，所以儘管孩子年紀還小，她還是決定轉攻法律，趁孩子睡著之後熬夜寫作業。拿到學位之後，她先做工業法相關的工作，後來轉做法扶。一九九〇年代，她已是全職的地區裁判官，最後晉升擔任新南威爾斯副首席裁判官（New South Wales Deputy Chief

Magistrate）。二〇〇七年，她被指派為新南威爾斯州死因裁判官。引發高度關注的傑克・科弗可死因審訊，是她就任後處理的第一個重大案件，至今記憶清晰。

「我認為可憐的科弗可太太舉證自己有多崇拜傑克的作法太極端，降低了她的可信度，」她回憶道，「大家都感受得到她很悲傷，但是她無法接受或克服陪審團顯然已經接受的事實：傑克那天晚上亂玩自己的槍。」

「你認為審訊已找出事實真相嗎？」我問。

「是的。六名陪審員花八週的時間檢視證據，他們從頭到尾都非常投入而專注。不可能有其他結果。」

科弗可案還有一個地方令我難以釋懷，那就是法庭與死者母親對調查結果的歧見。法庭相信正義已獲得伸張，但茱蒂・科弗並不同意。以我個人的經驗來說，律師眼中的正義不同於大眾眼中的正義，這種情況不算少見。若受害者是你自己或你身邊的人，無罪推定似乎沒那麼簡單。出席聽證會的時候，偶爾你會覺得證據似乎對被告有利。看起來有罪的人，因為缺乏證據或技術性問題而開脫。對不是律師的人來說，有些法規令人惱怒，例如不計前科。舉例來說，法律認為即使一個人過去曾犯下暴行，不代表這次一定有罪。但是一般人會用常識判斷，認為如果一個人有長期施暴的紀錄，有罪的可能性比較高。如果我是陪審員，我會想要知道被告的前科紀錄，但法庭不會提供。

刑責的裁度尤其兩難，經常引發叩應廣播節目與政客的憤怒。有時我們無法理解，為什麼罪與罰之間並不對等。有些人走出法庭時對結果感到滿意，但有些人卻認為正義沒有獲得伸張。

「為什麼會有這種落差？」我問瑪麗。

「如果是重大罪行，例如兇殺跟性侵，或許根本沒有所謂的正義。當然，原始社會可能會允許你直接用矛刺死罪魁禍首。但那是我們想要的社會嗎？」她問。「有些人想要那樣的社會，或以為自己想要那樣的社會。你常在審判結束後，尤其是兇殺案審判結束後，聽到家屬說：『我們家被毀了，他居然二十年後就能出獄，正義何在。』但他們真正想說的是什麼？他們真的想把兇手送上電椅嗎？」

「我相信這麼想的人很多，」我說，「如果受害者是我的孩子，我也會這麼想。」

「但這是正義，還是復仇？」瑪麗問我。「我認為傷痛的人更想表達的是後者。」

「大眾心中的正義與律師心中的正義之間有落差，這不會有問題嗎？」我直接丟出問題。

「很可惜的是，危言聳聽的廣播節目與某些報紙都沒有如實呈現事實，導致大眾對法律制度多有誤解。我想，認為正義沒有獲得伸張的人通常對事實缺乏全面的了解。不過大致而言，還是有很多人相信我們的制度已經做到最好。」

瑪麗審訊科弗可案的時候，茱蒂・科弗可身心俱疲的狀態在她眼中並不陌生。瑪麗在短短數週之前，也遭逢家庭驟變。

「我剛到任幾個月的時候，我有個姪女在法國的格勒諾勃（Grenoble）快要拿到地震工程的博士學位，她用法語唸博士真的很厲害。」瑪麗說。

她的姪女叫珍恩・傑瑞姆（Jane Jerram），當時二十五歲。

「她跟男友和另外兩位國際學生決定夏初要去爬白朗峰（Mont Blanc），因為他們剛完成學業。他們碰到突如其來的嚴重風暴，全數罹難。當時最慘的一點是，第一個罹難的是她男友，但他是這幾個人之中最了解登山的人，其他人不知道怎麼使用緊急設備。他們有帶手機，死去前的通話都留下了紀錄。我沒聽過那些通話，但我想我哥哥有聽過。」

瑪麗的哥哥與嫂嫂住在紐西蘭，兩人痛不欲生，甚至一度喪失理智。

「悲傷這件事很有趣，」瑪麗說，「我哥哥是獸醫，嫂嫂當了很多年的理化老師，但有段時間他們都因為悲傷而變得不太理性。他們責怪法國警察沒有快一點抵達現場，他們責怪女兒的男友。但平常他們不是這樣的人，他們很理性、很有教養。」

「他們知道自己失去理性嗎？」我問。

「應該沒有。但是女兒入土為安、追悼儀式結束之後，他們就恢復了，差不多有一兩個月。我不知道他們能否從這件事中復原，我老公陪我哥哥彼得（Pete）一起帶著珍恩的骨灰爬到格勒諾勃旁的山坡上，他說彼得一路都在啜泣。」

「你的專業經驗有沒有讓你學到什麼特殊技巧，幫助你面對自己家裡的驟變？」我問。

「大概有吧。我記得頭兩天我坐在那裡……」她指向那張木製辦公桌，「……哭得唏哩嘩啦。通常是我看著別人哭，在那之後，我對家人的感情有更深刻的體會。」

我拜訪瑪麗的那一天，停屍間的工作人員正在處理一個非常不理性的伊拉克家庭，死者是他們十八歲的女兒。

「他們拒絕驗屍，但是非驗屍不可，因為死因不明。她死得很突然。他們真心相信她今天就會醒過來，也就是死後第七天。」瑪麗告訴我。

這非常麻煩。因為驗屍的時間拖得愈久，遺體腐敗的程度就愈高，增加確定死因的難度。停屍間的工作人員急得抓狂，驗屍拖不得，但他們無法說服家屬。（幾天後我寫信問瑪麗這件事的後續發展，她說家屬終於恢復理智，接受女兒已死的事實，同意驗屍。他們的女兒死於嚴重的心臟問題。）

死因裁判官理當公正無私、冷靜客觀，但有時候很難做到。瑪麗的死因裁判官生涯中，影響她最深刻的案件之一是一個叫卓雷蒙（Raymond Cho，音譯）的十六歲男孩，他在學校裡吃了一片核桃餅乾之後死於過敏性休克，那片餅乾是雷蒙的朋友在烹飪課上烤的。[17] 雷蒙知道自己對堅果過敏，也知道那片餅乾含有核桃，但他還是吃了一口。沒人知道為什麼。有一位學生作證說，雷蒙以為吃了也沒關係，因為餅乾裡的堅果不是花生。給他餅乾的學生必須作證，急救的老師也必須作證。審

17 卓雷蒙一案的審訊內容，參考了以下資料：'Coroner Urges Reform after Nut Allergy Death', ABC News 2012,（二〇一六年六月存取），取自：http://www.abc.net.au/news/2012-12-14/coroner-urges-reform-after-nut-allergy-death/4429000; Bodkin, P., 'Raymond Cho Decided "Walnut Cookie was OK"', *Daily Telegraph*, 11 December 2012, 取自：http://www.news.com.au/national/nsw-act/raymond-cho-decided-walnut-cookie-was-ok/story-fnd04bst-1226534415109; Gardiner, S., 'I Don't Think We're Ever Going to Know Why He Did That', *Sydney Morning Herald*, 14 December 2002, 取自：https://www.smh.com.au/national/nsw/i-dont-think-were-ever-going-to-know-why-he-did-that-no-one-to-blame-in-tragedy-of-schoolboy-with-allergy-who-died-after-eating-walnut-biscuit-20121214-2bepl.html

訊最後，她問家屬還有什麼話想說。

「雷蒙的姊姊，」瑪麗回憶道，「應該只有十五歲左右，口齒非常清晰，她站起來讀了一篇很美的紀念文，告訴大家雷蒙有多可愛。然後她說：『我們一家人以前很快樂。現在我每晚都聽見牆壁另一頭的媽媽徹夜哭泣，她的頭髮愈來愈稀疏。』確實如此，我看見了。她母親頭上禿了一大塊。接著她父親幾乎哭倒在地上。我心想：我必須端坐在這裡，拿出專業的姿態。我環顧法庭，幾乎每一個人的臉上都有淚水。最後，我知道我必須擦乾眼淚，情緒崩潰不一定有幫助。」

瑪麗也很討厭「做個了斷」這種說法。見過雷蒙的家人跟茱蒂・科弗可，你會知道有些事不可能「了斷」，這個詞是種羞辱。他們只希望自己能學會應付和適應，或許隨著時間過去，有一天當他們早上張開眼睛的時候，情緒的天秤會倒向喜悅多一點，痛苦少一點。

第六章
走出灰燼

我在海邊的公寓裡獨處了五天，這裡位在雪梨以南，約一個半小時車程。我坐在木製的舊餐桌旁，窗外就是大海。晴空無雲，天空是矢車菊藍，海面微光閃爍，彷彿鑽石商人把點點鑽石撒在海面上。一群衝浪客在浪花旁歇息，等待最棒的浪頭出現時再衝進浪裡。沙灘上有兩隻狗來回追逐，牠們在海水裡吠叫嬉戲。一位母親牽著兩個小孩，他們胖嘟嘟的，身上穿著水母衣、頭上戴著漁夫帽防曬。他們站在海水與沙灘的交界，白浪奔騰上岸輕觸他們的腳趾時，小的那個開心地又叫又跳。

我喜歡看海、聽海，但是我從不去太深、太遠的地方。海浪強勁的拉扯力道使我感到不安，海沙從腳底快速流逝的感覺也令我緊張。海面下的東西看不見，我不喜歡這樣。在約翰．厄文（John Irving）的小說《蓋普眼中的世界》（*The World According to Garp*）[1]裡，一家人在討論海邊的「水下逆流」（undertow）時，蓋普的兒子瓦特（Walt）誤聽成「水下蟾蜍」（Under Toad）。他想像海底有一隻怪獸，會把游泳的人拉進水裡。我也有相同感受，我相信海底有一隻水下蟾蜍。

或許正因為我喜歡躲在後方、從遠處觀察，而不是自己游到海水深處，所以我才會成為記者。觀察與報導，感覺起來比親身參與安全。可惜的是，人生無法盡如人意。無論你喜不喜歡，都有可能置身大海。路意莎．荷普說過，以為腳下踩的地永遠平穩，或是身旁的情況永遠祥和平靜，只是一種集體錯覺。天氣可能瞬間改變，你我都無能為力。

這些想法，加上我從史都華和其他訪談對象那裡聽來的故事，都令我再次思索：面對人生驟變，人類到底該怎麼辦。除了適應與重新評估人生之外，是不是還有更多能做的事？說不定長期而言，你真能變成一個更好的人？除了適應具體的正面改變，倖存者還能做些什麼？還是這會不會是一個謊言，目的是讓我們不去思

1 Irving, J., *The World According to Garp*, E.P. Dutton, 1978, Boston.

考，其實受再多苦也是毫無意義？

碎浪區有兩名男子找到完美浪頭，他們騎乘著海浪回到淺水區。另一個衝浪客橫向滑進浪管，海浪在他頭頂上方捲起的同時，他加快速度衝在海浪前方。他們應該沒有想到，身為旁觀者的我正思考的陰暗問題。看著他們衝浪的優雅身影，我想起一個跟今天一樣完美的海灘日，和一位跟他們很相似的年輕男子。

❖ ❖ ❖

無論天氣有多糟、被窩有多舒服，每週五早上五點鐘的鬧鐘一響，漢娜．瑞契爾（Hannah Richell）都無法勸退老公麥特（Matt）前往雪梨北部郊區的夫雷什沃特（Freshwater），進行每週一次的凌晨衝浪。[2]

「今天下雨，很冷耶！」有時候漢娜會嘮叨一下。「你在想什麼？乖乖睡覺！」但麥特一定會出門。二〇〇五年這對夫妻從英國搬到澳洲的時候，麥特就決心要好好學衝浪。他買了一塊光滑的浪板，上了半年的衝浪課。對心思繁重的他來說，衝浪有一種吸引力。衝浪強迫他放慢腳步，觀察大自然，有耐心地等待屬於他的時刻。海浪的聲音和起伏對他來說猶如冥想，在海邊，他可以完全放下工作壓力。麥特在澳洲阿歇特出版社（Hachette Australia）負責出版業務，後來又晉升為執行長。站在浪板上的時候，他不需要處理作者的要求，不需要開會，也不需要思考數位時代如何顛覆出版業，世界只剩下麥特與大海。星期五上班前的早晨衝個浪不是麥特的嗜好，而是非做不可的事。

麥特跟漢娜相識於二十歲中段，兩人在倫敦應徵同一份工作。《哈利波特》風靡全球的時候，麥特正好在布魯姆斯伯里出版社（Bloomsbury）工作，這股熱潮把他累得筋疲力盡。此時他母親過世，一切變得難以承受。他放假一年讓自己充電，當起背包客。回來之後，他去麥克米倫出版社（Pan Macmillan）應徵工作，漢娜剛好也在這裡上班。想升職的漢娜垂涎的職位，就這樣被麥特搶走了。麥特剛來上班的頭幾個星期，漢娜天天對他怒目而視，後來他們經常拿這件事說笑。

漢娜小時候問過母親：「你怎麼知道自己遇到的人是真命天子？」母親用那句

2 關於麥特與漢娜的生活點滴，參考的資料來源包括：私人訪談。二〇一六年六月，漢娜．瑞契爾於雪梨接受作者訪談；麥特的推特發文，二〇一六年七月二十日取自https://twitter.com/mattrichell；漢娜的部落格：https://hannahrichell.wordpress.com/（二〇一六年八月二十五日存取）

神祕到令人惱怒的「你就是會知道」回答她。遇到麥特後，漢娜知道母親說得沒錯，她就是知道，他們兩個都知道，心中毫無疑慮，沒有鬧心的分手當導火線，也不需要多參加幾場派對來增溫。宇宙彷彿安排他們在最佳的狀態、最正確的時間邂逅彼此。麥特的五官和藹英俊，有一雙閃亮的眼睛。身為作家的漢娜是金髮美女，難得的是她舉止優雅又不失親切，不會給人高高在上的感覺。

麥特與漢娜的二〇一四年過得很忙碌，一雙兒女分別是三歲跟六歲。漢娜正在寫一本書，麥特的工作忙到不行，既要安排公司的年度會議，又要練習一場為雪梨故事工廠（Sydney Story Factory）募款的半馬，雪梨故事工廠是一個幫助弱勢兒童識字的慈善機構。麥特還擠出時間快速去了趟倫敦，此外也參加了澳洲各地一連串的作家活動。

二〇一四年七月初的某個星期三，麥特跟漢娜早上一起喝了咖啡，在吻別之後就各自忙碌。漢娜要獨處寫作一整天，麥特要構思即將向董事會報告的新策略。他打算午餐時間跟朋友亞當（Adam）去雪梨東郊的布隆特（Bronte），快速衝個浪。

布隆特海灘美麗如畫，位在山丘底下的一處凹壁裡，深受家庭喜愛。大片綠地上散置著面海的小木屋，這片小沙灘只有兩百五十公尺長，但是兩端都是陡峭懸崖。一年四季都有人在沙灘上或草地上曬太陽、遛狗或是以半裸狀態慢跑，展現結實黝黑的身體。天氣晴朗的時候，海水是鮮豔的湛藍色，若是站在崖頂往下眺望，會覺得更接近青色。

似乎任何天氣都阻擋不了衝浪客，無論是布隆特還是旁邊的塔馬拉馬海灘（Tamarama），海面上幾乎總是看得見他們的身影。這兩片海灘之間有一處小小的岩石露頭，當地衝浪客叫它雙岩（The Twins），因為有兩塊大大的直立岩石。大家都知道這裡很危險，因為水底有很多激浪和銳利的暗礁。如果雙岩兩側的浪很大，可能會把衝浪客推向承受海浪力道的崖壁。新浪拍打岩石的同時，舊浪正在退回海裡，所以很難從這兇猛的漩渦中抽身。

下午一點半，麥特跟亞當依約出現在布隆特海灘上。[3] 他們都是謹慎的人，所以花了點時間在崖頂觀察情況，還看了衝浪預報。一切正常，他們決定從布隆特海灘北端的浪點下手，位置緊鄰雙岩。衝浪預報說浪高可能會在二到四英尺，他們一起划向大海時證實了這一點。開始衝浪還不到十五分鐘，亞當想要追一道浪，卻被

3 關於這段描述，我仰賴麥特的死因審訊結果：Barnes, M.A.（NSW SC）, *Inquest into the Death of Matthew Thomas Richell*, Glebe NSW: State Coroners Court of New South Wales, March 2016, http://doi.org/10.1002/ejoc.201200111

推到靠近雙岩的地方。渦流既混亂又強勁，他很難逃離這個充滿岩礁的地方。成功脫身之後，他提醒麥特小心。差不多就在這個時候，他們附近的另一個衝浪客李·傑克森（Leigh Jackson）發現海相突然兇猛了點。

很快地，海面醞釀一陣大浪。一道完整的海浪像一道海水築成的牆，在浪頂操控浪板很容易。浪碎的時候，它會卸下所有的能量。如果浪碎的時候，衝浪客不是站在浪頂，要避免被海水重擊只有一個辦法，那就是潛進海水裡。要是衝浪客這時候氣不足或是太驚慌，可能會有危險，所以一定要盡可能把自己划到浪頭上。這陣大浪開始醞釀的時候，亞當用最快的速度划到浪頂，因為他知道原本的位置不是最佳位置。他騎乘第一道浪，然後接下來的兩道浪他潛進海裡。鑽出水面後，他回頭看一下麥特的情況。他看見麥特的浪板浮出水面，看起來不像是有人操控的樣子。亞當划過去確認麥特是否安全，他看見麥特在岩石附近以直立的姿勢踩水。

亞當高聲呼喊，問麥特是否需要幫助，但是亞當看不懂麥特比的手勢。雖然麥特看起來並不驚慌，但是急流已漸漸把他沖向北邊的塔馬拉馬。

站在岩石高處的一名釣客看得很清楚，他看到麥特被掃進一個海浪特別兇猛的岩石縫裡。釣客用手機撥打救援電話，於此同時，附近有一個路人也對眼前的情況感到擔憂。他走進布隆特沖浪救生俱樂部（Bronte Surf Livesaving Club），告訴他們有一位衝浪客可能需要協助。那天布隆特海灘沒有救生員值班，所以這則通報轉給數公里外的邦迪海灘，一位經驗豐富的救生員騎水上摩托車飛奔而至。

亞當盡最大的努力接近麥特。發現海相惡化的李·傑克森也是。海灘上跟懸崖上開始有人群聚集，其中一個目擊者後來形容麥特「像軟木塞一樣載浮載沉」。崖頂上的一名路人指著一塊大岩石，試圖把麥特的位置告訴亞當。

麥特在懸崖底下試著爬出水面時，李·傑克森終於看見他。但是麥特還沒完全脫身就被一道大浪打中，使他重摔在崎嶇的岩石表面上。其中一位旁觀者大叫：「他沉下去了！」後退的海浪把麥特拉進水裡、遠離岩石，亞當跟李總算找到他。麥特臉朝下漂浮在水面上，頭部有多處傷口。

兩人奮力把麥特拖到沙灘上。其他人迅速跑來幫忙，但這時麥特已失去意識、毫無反應。不久，一輛救護車開到沙灘上。[4] 麥特仰臥在沙灘上，一邊是大海，一

4 這段描述我參考了亞當·辛普森的說法，以及那天拍攝的一張新聞照片：Hansen, N., 'Coroner to Find How Surfer Died', *Wentworth Courier*, 27 January 2016, Sydney, p 7.

邊是救護車。急救人員為他多次注射腎上腺素、供氧，並使用心臟去顫器。救護車的兩側聚集了人群，他們隔著一段距離驚恐地看著。穿著潛水衣的亞當雙手扶著額頭，現場有兩位警官，其中一位單手托腮。

那天下午，漢娜寫完東西回到他們住的小屋。保姆跟孩子在後面的房間，她能聽見孩子的笑聲與嬉鬧。客廳裡有兩個陌生人，他們是便衣警察，在這裡等漢娜回家。其中一名警察是女性，雖然她沒哭，但是漢娜看得出她很難過，並且立刻知道這不會是好消息。

「怎麼了？」她說。

「我是來通知你，你的丈夫碰到衝浪意外。」其中一人說。

漢娜有點害怕。「他還好嗎？」

答案令人心碎。救護車抵達之前，年僅四十一歲的麥特在上岸時就已死亡。漢娜腦海中為兩人設想的未來，她心中的宇宙秩序，也隨著麥特一起死去。警察建議她打電話找人來陪她，但是她不想這麼做。因為那將證明這件事是真的。

❖　❖　❖

整整兩年後，我騎著偉士牌機車來到雪梨內西區綠樹如蔭的一個地方（別擔心，我沒忘記對一個在寫人生突遭橫禍的作家來說，騎機車是一種挑釁的行為）。今天應該是麥特會去衝浪的那種天氣：空氣中有一絲寒意，但有陽光的地方乾爽舒適。天空一片潔淨，蔚藍得發亮。我享受騎著機車在巷弄間穿梭的感覺，一路來到漢娜的小屋。

我到的時候，漢娜正好把垃圾拿出家門。她穿著高筒靴、牛仔褲和一件寬鬆的毛衣，但看起來依然很時尚。室內十分溫馨舒適，孩子們的畫貼在冰箱上，其中一幅寫著「我好愛爸爸」。裱框的照片裡，是麥特英俊開朗的笑臉。漢娜泡了茶，我們在廚房的餐桌旁坐下，享用她從附近糕點店買來的甜點。

我在我們碰面的一個月前寫信給她，說明我想在這本書裡討論的問題。我問她是否願意聊聊日復一日、月復一月跋涉過悲痛的體悟。我想知道這件事如何改變了她，有沒有帶來什麼正面影響。她同意跟我碰面，因為她覺得沒什麼人想聆聽麥特過世後發生了哪些事。創傷突如其來的當下，她不知所措，因為這件事他們以前幾乎從沒討論過。

漢娜清楚記得警察告訴她麥克死掉的那天下午，那種排山倒海的無力感，那種不想把死訊告訴任何人的感覺。[5]

「我說：『我不想告訴別人。』那是一種極度難為情的感覺，我不知道我為什麼覺得難為情。就好像『這件事不可能發生在我們身上』，我不希望它是真的。」她說。回想起來，漢娜覺得一開始的難為情很誇張，但那是她的大腦跟身體對震驚的反應。

澳洲每三分鐘十七秒就有一個人死亡，[6] 但那天麥特的衝浪意外依然吸引了媒體關注。因為這件事發生在公共空間，而且他年輕英俊，在專業領域頗有聲望。澳洲人特別愛看海上事故的新聞，或許是因為去海邊遊玩是深具澳洲特色的一件事，幾乎每個澳洲人都對這種新聞感同身受。一個人在從事常見的、好玩的活動時無故死去，那種「也可能發生在我身上」的感受會非常強烈。

警方委婉提醒漢娜，應該無法阻止麥特的姓名立刻在媒體曝光。他們說，讓親朋好友透過媒體得知死訊或許不太好。這意味著儘管漢娜尚未走出震驚，也必須面對立刻採取行動的壓力。這不是警方的錯，甚至不能怪媒體，只因世事如此。

於是，她打電話給住在墨爾本的姊姊。她也必須打給麥特遠在英國的父親，這是一個可怕的任務，她至今餘悸猶存。通知其他人麥特的死訊，然後看著對方急著要來幫忙是一件壓力極大的事。

「我不希望家裡擠滿了人，因為我心中不願意相信這件事是真的。」漢娜說。「我只擔心兩個孩子，我強烈地覺得自己必須保護他們，想辦法不讓他們那麼難過。大概就是因為如此，我隔天早上才把這件事告訴他們，我想讓他們多擁有一個不知道實情的晚上。」

那天下午漢娜曾問警察，是否確定死者就是麥特。他告訴過漢娜自己要去馬魯布拉（Maroubra），一個位置較南邊的海灘。說不定是搞錯了？警察說，肯定是他。很快地，有別的警察把麥特的車開回家。

「他們把麥特的皮夾跟婚戒還給我，那一刻我永生難忘。他的婚戒跟皮夾放在一個夾鏈袋裡，交到我手上。我當時心想：哇，原來是真的。」

那時亞當已經確認遺體就是麥特，因此漢娜可以選擇不去停屍間認屍。

要不要認屍，是許多喪親的人必須面對的掙扎。有些人因為害怕而不願意認屍，有些人會猶豫，有些人則是立刻確定自己必須親眼看見遺體。決定的時間很短，

5 私人訪談。二〇一六年六月，漢娜．瑞契爾於雪梨接受作者訪談。
6 這個數據來自澳洲統計局：http://www.abs.gov.au/ausstats/abs%40.nsf/94713ad445ff1425ca25682000192af2/1647509ef7e25faaca2568a900154b63?OpenDocument

也就是還未走出震驚與創傷就得決定。就算將來後悔這個決定，也來不及了。他們也許會因為聽從別人的勸告，後悔沒有按照原本的心意做決定，或是覺得事前沒有得到足夠的資訊。有研究發現，認屍對心理有幫助，能讓家屬接受摯愛的人已死的事實。[7]這也符合史蒂夫．辛恩神父從實際經驗中累積的信念。

漢娜屬於立刻想要看見丈夫遺體的那一種人，麥特的遺體必須先驗屍，所以她幾乎等了二十四小時才獲准認屍。她在星期四接近傍晚的時候抵達停屍間，有一個跟她年紀相仿的女士在櫃台等她，漢娜記得這位女士的陪伴使她感到非常心安。

「她是第一個能夠體會我的感受的人，她的態度非常冷靜，給人完全掌握情況的感覺，立刻就讓我充滿安全感。」

這位女士告訴漢娜等一下會看到怎樣的畫面。她鉅細靡遺地描述麥特的遺體狀態，例如他身上穿的衣服，甚至說了蓋在他身上的布是什麼顏色、他臉上有哪些傷口，以及頭部的模樣。她問漢娜有沒有問題想問，還告訴漢娜可以單獨進去認屍，也可以找人陪著進去。漢娜可以摸麥特的遺體，而且要看多久都可以。漢娜鼓起勇氣走進去。那位女士陪了她幾分鐘之後，就留下她跟麥特獨處。

「看見他的感覺有點可怕，但那又不是真的他，有點像蠟像館裡的蠟像。他沒什麼頭髮，都剃光了，頭上有針縫過的痕跡。我的第一個感覺是，他不是麥特。但他真的是麥特，」漢娜柔聲說，「讓我感受最強烈的細節……因為他們洗過遺體……是我牽起他的手，發現他的掌心還有沙子。那一刻我知道，**真的是麥特**。」

容我先打斷漢娜的故事，說一說坐在她對面聆聽這段過程的感受。前一個小時，她說了她跟麥特如何相識，他有哪些興趣，他們共同的生活，他們有多相愛。我坐在他們一起生活過的房子裡，在這張餐桌旁，在這個他們和兩個孩子長時間相處過的空間裡。漢娜很親切，她跟我坐在一起喝茶，她相信我，所以把這些私人的感受告訴我。照片裡的麥特在不遠處望著我。當漢娜說她撫觸麥特的手，而他的手裡還有海邊的沙子時，我傾盡所有的意志力才沒有哭出來。他們的人生都濃縮在那幾顆海沙裡：人生無常，瞬息萬變。我想哭，因為我覺得命運不公，漢娜失去丈夫太殘酷。如果我說這個故事的語氣顯得太過冷靜，那是因為我當記者很多年，我習

7 Mowll, J., Transition to a New Reality: The Experience of Viewing or not Viewing the Body of a Relative in the Context of Grief after a Sudden and Unexpected Death, University of New South Wales, 2011, Sydney, 取自：http://unsworks.unsw.edu.au/primo_library/libweb/action/dlDisplay.do?vid=UNSWORKS&docId=unsworks_9984

慣就事論事。事實上，在我書寫這些字句的當下，我哭得一把鼻涕一把眼淚。

親人過世後的頭幾個星期，最令人難以接受的是生活只會持續前進。就像大海一樣，重複漲潮退潮、起起伏伏。大家都回歸日常生活，也期待失去摯愛的人能進入「復原」階段。這非常困難，因為對仍在哀悼的人來說，就連最普通的活動也可能誘發其他人想不到的感觸。

漢娜說：「我記得有次在超市裡被別人撞到。那是麥特過世後，我第一次去超市，大約是事發兩週之後。我推著手推車，看著那些不需要再添購的東西。比如說，麥特以前常買的無麩質麵包。我心想，好吧，以後不用再買這些了。這類最稀鬆平常的小事會讓人心痛不已。有一個人撞到我卻沒道歉，雖然當時我沒有任何反應，但其實我很想轉身吶喊：『你不知道我有多慘！我老公死了！』最無聊的小事也能傷到你。」

「雖然聽起來很不理性，但你有沒有生氣過？或是那種『他**到底**去哪兒了』的感覺？」我問。

「這種想法沒停過，一直都有。我記得我天天都在想『你在哪裡？』，就好像有人把他變不見了。我覺得很困惑，非常困惑。」漢娜說。

漢娜的朋友反應不一。有些是解決問題派，他們不斷提供各種方法，想讓漢娜別再那麼難過。有些朋友無法承受她的悲傷，選擇默默離開。有些朋友自己也問題一堆，沒有餘裕擔心別人的問題。當然也有超棒的朋友，有不少人提供實質協助，例如食物或幫忙帶孩子。也有幾個情商特別高的朋友會陪著她靜靜坐著，讓她盡情地崩潰或沉浸在痛苦裡。他們不會試圖改變現況，或是說些老套的安慰。就像史蒂夫神父說的，他們只是陪伴，漢娜認為那是最重要的支持之一。

「在經歷這樣的事情之後，如果碰到朋友失去另一半，或是罹患癌症之類的事情，你會不會用不同的方式對待他們？」我問。

「肯定會，我不會害怕陪伴他們。陪伴深陷痛苦的人，是一件很可怕的事，你害怕自己的行為會使情況雪上加霜。但現在我知道最糟的行為是視而不見，是假裝這件事沒有發生，然後避不見面。」漢娜的回答跟華特・米卡奇表達的情緒很相似。

麥特過世幾週之後，漢娜心情極度低落，所以她預約了心理諮商，這是新南威爾斯鑑識醫學部（NSW Department of Forensic Medicine）的免費服務。她第一次接受諮商時，發現諮商師就是在停屍間協助她的那位女士。

「我把一切全都告訴她。一開始就說個不停，從『我不想活了，我撐不下去』到『我照顧不了兩個孩子。我自己都崩潰了，怎麼有辦法應付他們的悲傷？』我還說『我很懷念性愛，但是對性愛的渴望讓我羞愧到無地自容，我老公才剛死沒多久耶！』我毫無禁忌地向她傾訴，她也絕對不會批判我。」

漢娜想不通的這些問題，是許多失去至親的人都會碰到的。

「我記得我反覆說了很多次：『我們過得很幸福，我不明白為什麼會發生這種事。他是那麼好的人，世上有很多糟糕的人，為什麼死的是麥特？』」

心理諮商有時會給人一種消極的印象：你去找諮商師，倒垃圾般傾訴感受跟問題，然後離開，下個星期重來一次。但有用的心理諮商必須是一個積極主動的過程，優秀的諮商師會溫柔地把你的思路導引到新的方向。兩次療程之間，你必須自己努力，才有機會成長跟適應。漢娜開始嘗試，她積極挑戰自己對生和死的想法，試著理解發生在自己身上的事。

「我記得我本來想的是：為什麼偏偏是我們？但是我很快就扭轉想法，變成：為什麼不是我們？我們並不特別。有時候，我們確實會以為自己活在一個特別的泡泡裡，地球彷彿圍繞我們旋轉。我必須面對這個殘酷的事實：過『好的』生活，用特定的、小心的方式待人處事，不一定會讓我們得到任何特殊的保護或變得比較安全。地球上的每一個人都一樣脆弱，這是一個既恐怖又發人深省的事實。」

麥特的死是公共事件，所以必須經由死因裁判官審訊來釐清事發經過。當天在海灘上的每一個人都被傳喚作證，包括衝浪客、救生員跟岩石上的釣客。審訊開始前，漢娜以為她已經知道所有細節。但審訊過程詳細檢視了事發經過，所以漢娜得知許多原本不知道的細節，她對此心懷感恩。

「麥特過世的時候，有一個目擊證人陪在他身邊，知道這件事給我莫大的安慰與幫助，」她說，「知道諸如此類的小細節，真的能幫助我想通一切。如果整件事像一團迷霧，我會執著於『到底是怎麼發生的』之類的疑問，會比現在難熬許多。」

審訊的正式結果是麥特死於「意外事故」，海浪把他掃向海崖岩石，導致頭部受重傷，進而溺斃。審訊報告特別指出麥特的個性理智、謹慎，以負責任的態度衝浪，也很注意自己的體能限制。死因裁判官說，這是一個「悲慘的」事件。

出席聽證會對漢娜來說是一件難熬的事，坐在旁聽席的她幾乎從頭到尾都在靜靜啜泣。

「審訊結束後的那個晚上，我跟姊姊大喝瑪格麗特調酒，喝到酩酊大醉。」她說。

審訊在麥特過世將近兩年左右才結束。但幾天之後，漢娜發現自己改變了。

「我突然覺得很輕鬆，這是一種全新的感受。這不是了斷，因為麥特的死與隨之而來的痛苦，會繼續伴隨我度過每一天，這種悲傷不會消失。我只是覺得自己悲傷的方式改變了，悲傷在我內心一個比較受到控制的空間裡，而不是在我全身上下亂竄。那不再是血淋淋的悲傷，比較像是一個結痂的傷口。偶爾你會不小心把結痂摳掉，或是它自己掀開，使你再度流血。」

漢娜說自己寫了「三本過度情緒化的日記」，目的是為了宣洩悲傷。她接受過大量諮商，也曾大量閱讀。她的情況時好時壞。

「我最大的恐懼是我必須再次承受這種痛。接下來會發生什麼事？因為我知道除非我先死，否則我一定會失去我愛的人，想到那種痛上加痛的感覺，我真的很害怕。但是你能怎麼辦呢？你要停止去愛人嗎？當然不是。所以我們好好活著，去愛人，去付出。我努力讓自己敞開心胸。」

這使我想到史都華．戴維說過的，一定會有足夠的愛支持你往前走，愛是源源不絕的。

「我想到我們的心可以創造愛人的空間。生了孩子之後，你心想，我不可能像愛第一個孩子那樣去愛另一個孩子。但是生了第二個孩子之後，你知道你兩個都愛。這份愛既相同又相異，因為他們是兩個不一樣的人。你的心可以變大，裝下你對許多人的愛。或許痛苦也是一樣。我們能承受的痛苦，比我們想像的要多很多，痛苦就是愛。失去一個人的悲傷以痛苦來呈現，跟他們還陪在你身旁的時候不一樣。」

坐在漢娜旁邊聽她說話，是一種很美好的感覺。她分享了深刻的領悟。雖然我們討論的事情很悲傷，但是聊天的氣氛一點也不悲傷，反而充滿生命力。漢娜跟這樣的氣氛一起脈動，非常吸引人，幾乎像是一股磁力。這種感覺很難形容，就好像她整個人變得很鮮明。我不認識漢娜，我們不是朋友，但是我們聊起天來，比任何朋友都更加深入真切。

「現在我明白幸福不是努力的目標，」談話接近尾聲時她說，「幸福就在日常生活裡。」

「就像我們剛才一起喝了茶，吃了甜點。」我說。

「沒錯，好好感受微小的片刻。跟你坐在一起聊天，感覺很開心。在日常裡找到幸福。」

漢娜失去麥特之後並未大幅改變自己的生活，她住在跟麥特一起生活過的房子裡，依然從事寫作。表面上看來，她的生活完全沒變，只是少了麥特。但是仔細觀察就會發現，她的生活已徹底改變。在情緒最濃烈的哀悼期結束後，漢娜沒有恢復成之前那個跟麥特一起生活的漢娜。那個漢娜已永遠消失。

「我變了很多，跟以前完全不一樣，我覺得自己好像褪了一層皮。我還是我，抱持著相同的價值觀，但現在我能夠用截然不同的方式過日子。我在最微小的時刻裡找到心安和美好，」她說。「我覺得自己對生命的恐懼減少了，而不是變多。這很奇怪，畢竟我們一家人經歷了那樣的事，也知道人生隨時可能驟變。熬過最艱難的事、最巨大的痛苦，好像讓我得到釋放，我變得更有勇氣。你可以崩潰、放棄。也可以好好活著，好好去愛。我選擇後者。」

❖ ❖ ❖

我很慶幸自己遇見漢娜，真希望也有機會認識麥特。看著他的臉，覺得我們很有可能變成好朋友，一起邊喝葡萄酒邊聊書籍。我差點要開始忌妒麥特與漢娜的人生，直到在心裡面用力搖醒自己，忌妒他們兩個有什麼意義？漢娜現在的生活已不同於過往。我非常欽佩她沒有被喪夫之痛打倒，她努力撐過難熬的歲月。

漢娜在悲痛之中人生觀還能產生正面改變，是所謂的「創傷後成長」（posttraumatic growth）的例子。[8] 傳統上，心理學家只研究創傷與喪親的負面影響，例如當事人會心理受創、情緒不安，所以研究重點一直放在如何恢復所謂的「正常」功能。但過去三十年，研究的問題變成：說不定他們不是恢復正常功能，而是增強了功能？「創傷後成長」這個詞，是兩位美國學者發明的，一位是羅倫斯・卡爾宏（Lawrence

---

8 對於創傷後成長的說明，包括定義、成長的類型，以及容易讓人感受到創傷後成長的因素，參考了以下資料：Calhoun, L.G. & Tedeschi, R.G., 'The Foundations of Posttraumatic Growth: An Expanded Framework', in L.G. Calhoun & R.G. Tedeschi（eds）, *Handbook of Posttraumatic Growth: Research & Practice*, Lawrence Erlbaum Associates, 2006, New York, pp 3-23, 取自：http://search.ebscohost.com/login.aspx?direct=true&db=psyh&AN=2006-05098-001&site=ehost-live; Hayward, H., *Posttraumatic Growth and Disability: On Happiness, Positivity, and Meaning*, Harvard University, 2013; Lepore, S.J. & Revenson, T.A., 'Resilience and Posttraumatic Growth: Recovery, Resistance, and Reconfiguration', *Handbook of Posttraumatic Growth: Research & Practice*, 2006, 取自：https://login.ezproxy.net.ucf.edu/login?auth=shibb&url=http://search.ebscohost.com/login.aspx?direct=true&db=psyh&AN=2006-05098-002&site=eds-live&scope=site; Rendon, J., *Upside: The New Science of Posttraumatic Growth*, Touchstone, 2015, New York.; Tedeschi, R.G. & Calhoun, L.G., 'Posttraumatic Growth: A New Perspective on Psychotraumatology', *Psychiatric Times*, April 2004, pp 58-60.

Calhoun），另一位是理查．泰德斯基（Richard Tedeschi）。這個詞定義了重大的人生創傷在造成巨大的痛苦之餘，帶來的正面個人改變。

試圖在痛苦中尋找意義，並不是什麼新鮮事。自有人類以來，痛苦就一直如影隨行，而人類也從未停止嘗試解釋痛苦。聖經裡充滿上帝透過考驗與磨難，教導和測試僕人的故事。最有名的故事是舊約聖經裡的約伯（Job），他是一個正直又成功的人，卻屢屢遭逢各種打擊，包括失去財富、孩子和健康。約伯試著了解自己為什麼如此不幸，最後領悟到無論他的人生是功成名就還是充滿悲苦，上帝都會照顧他。

偉大的通俗文學作品也經常提到改變一個人的人生驟變。托爾斯泰的小說《伊凡．伊列區之死》（*The Death of Ivan Ilyich*）裡，伊凡身染重病，瀕死之際，一個好心的僕人幫助他看清自己這一輩子活得有多自私，毫無同情心與同理心。狄更斯的小說《小氣財神》（*A Christmas Carol*）裡冷漠又刻薄的主角史顧己（Ebenezer Scrooge）碰到幽靈，在看見自己未來的墓碑之後，奇蹟似地變成一個溫暖又慷慨的人。這也是好萊塢電影喜歡的主題，例如電影《七月四日誕生》（*Born on the Fourth of July*）中，湯姆．克魯斯飾演怨天尤人、半身癱瘓的退伍軍人，後來在反戰運動中找到人生意義。還有《風雲人物》（*It's a Wonderful Life*）中原本有自殺傾向的吉米．

史都華（Jimmy Stuart），得知如果他從未活著，他的家鄉貝德福瀑布鎮（Bedford Falls）會變成什麼樣子後，才發現生命的可貴。

直到相對晚近，這個觀念才從藝文領域跳躍到科學領域。心理學家開始深入研究，是什麼觸發了人生驟變後的個人轉變。他們探討的問題包括為什麼有些人的世界觀會改變，有些人不會？觸發事件的嚴重程度要多高？人類會以哪些方式成長？這樣的改變會持續多久？事件的性質與成長的類別之間有沒有關聯性？什麼樣的諮商能在基本的調適之外，促成長期的正面結果？

值得注意的是，「創傷後成長」不會取代悲傷與痛苦，它是發生了沒人希望發生的事件後，出乎意料的副產品。漢娜寧願捨棄麥特死後領悟到的智慧，換取麥特的重生。

「創傷後成長」的現象已經累積了數十個研究，[9] 二〇〇一年有一項調查透過一家性侵危機處理中心（rape crisis center），收集了將近兩百名性侵受害者的數據。[10]

9 Linley, P.A. & Joseph, S., 'Positive Change Following Trauma and Adversity: A Review', *Journal of Traumatic Stress, 17*(2), 2004, pp 11-21. http://doi.org/10.1023/B

10 Frazier, P., Conlon, A. & Glaser, T., 'Positive and Negative Life Changes Following Sexual Assault', *Journal of*

這群女性受試者的年齡介於十六到五十二歲，約有半數是受到陌生人性侵。受試者回答性侵事件對人生造成的正面與負面改變，這些改變分別以四個主題進行評估：自己、情感關係、人生觀與同理心。多數受試者表示，在事件發生兩週後感受到正面的個人改變，例如同理心上升；幾個月後，她們發現自己變得更堅強、更有韌性。當然也有負面的影響，例如安全感下降，但是在研究進行的兩年期間，正面影響變得愈來愈顯著，負面的感受逐漸變弱。不過上述的變化因人而異，取決於個人特質與攻擊事件的本質。

二〇〇四年的另一項研究追蹤了一百六十二位乳癌患者，從確診開始，追蹤一年半。[11] 受試者平均年齡四十九歲，多數接受過乳房腫瘤切除手術或是根除性乳房切除手術。多數受試者表示有感受到正面的心理變化，而且在研究期間，改善的項目隨著時間增加。個人成長最多的是，一些願意積極思考診斷結果，反覆探究罹患乳癌對人生有何意義，並且樂於跟他人討論的受試者。受試者表示，罹患乳癌的好處包括跟親友之間的關係更緊密，更珍惜生命，認可自己的優點，更注重心靈，以及發現新的可能性。

一九九二年加拿大發生威斯垂（Westray）煤礦場爆炸案之後，出現了更多有意思的相關研究。[12]這場爆炸案奪走二十六名礦工的性命，是當時的重大國際新聞。意外發生八年之後，研究人員訪談了五十二位死者家屬，包括父母、手足、配偶與成年子女。研究結果把受試者分成三個類型。第一類占半數，他們被稱為「重建自我」型（Rebuilt Selves）。這一類受試者設法理解喪親的意義，他們試圖了解自己，並且因為這場災難改變了公共政策、降低類似災難發生的可能性而得到撫慰。人數居次的是第二類：「沒有意義，沒有成長」型（No Meaning, No Growth）。此類受試者說自己認為喪親毫無意義，他們認為自己的人生觀變得更負面，那場爆炸案沒有帶來任何好處。

人數最少的是「最低威脅，最低成長」型（Minimal Threat, Minimal Growth），他們也跟第二類一樣認為爆炸案沒有帶來任何好處，但是他們認為自己的人生觀沒

Consulting and Clinical Psychology, *69*(6), 2001, pp 1048-1055. http://doi.org/10.1037/AJ022-006X.69.6.1048

11 Manne, S., Ostroff, J., Winkel, G., Goldstein, L., Fox, K. & Grana, G., 'Posttraumatic Growth after Breast Cancer: Patient, Partner, and Couple Perspectives', *Psychosomatic Medicine*, *66*(17), 2004, pp 442-454. http://doi.org/10.1097/01.psy.0000127689.38525.7d

12 Davis, C.G., Wohl, M.J. & Verberg, N., 'Profiles of Posttraumatic Growth Following an Unjust Loss', *Death Studies*, *31*(8), 2007, pp 693-712. http://doi.org/10.1080/07481180701490578

有改變，亦即沒有變好，也沒有變壞。有一位受試者是這麼說的：「我本來就不認為每一件事的發生都有原因，它們就只是發生了而已。」

威斯垂的研究之所以特別有意思，是因為它呈現出人類隨著時間，消化悲劇的各種情況，但最常見的情況還是失去和喪親後的「創傷後成長」。

相關研究太多，在此無法一一詳述。但是過去三十年來，專家已用科學的方式詳盡記錄人類在各種事件發生後的改變，包括恐怖攻擊、地震、失去孩子、墜機、性侵、因意外導致癱瘓、生出重度殘障的孩子、癌症、在戰爭中服役，甚至還包括船難。根據這些研究數據，感受到「創傷後成長」的人約占百分之三十到八十。

老實說，我很驚訝，這個數字出現在許多相關主題的文章和書籍裡，因為我對創傷後影響的看法是每天沉浸在新聞裡形成的。媒體經常報導創傷後壓力症（PTSD，記憶再現、憂鬱症和功能失常），以至於我認為經歷過重大人生事件的人，都非常有可能罹患PTSD。但實情是因極度創傷而受苦的人之中，只有百分之十會罹患PTSD。

當然，每日處理天災人禍的職業，罹患PTSD的機率會比較高，例如警察、急救人員和軍人。經常接觸災難會產生累積效應，使罹患PTSD的風險升高。從事這些職業的人會接受訓練，學習消化眼前所見的景象。他們也可以透過諮商來減輕影響，只是不一定有用。好消息是，如果你是可怕的單一事件的受害者，在最初的創傷消退之後，你獲得創傷後成長的機率會大幅高於罹患PTSD的機率。

這些研究也顯示，人生逆境後的正面改變數量多，種類也多。有些改變很小（「我發現日常生活中的美好」），有些改變很大（「我換了工作，也離了婚」）。卡爾宏與泰德斯基統計了所有的定性數據之後，歸納出五種可能的個人改變：內在力量增強，對新的可能性保持開放，人際關係更緊密，對生命心懷感恩，以及更強烈的心靈感受。

除了顯而易見的變化，研究人員也正在了解哪些因素會影響創傷後成長的可能性。目前為止，最重要的成長條件是事件的嚴重程度必然很高，不可能是千鈞一髮，例如因為車禍斷了一條手臂。只有極為嚴重的事件才能觸發成長，它必須徹底震撼你，才能讓你從根本上反省原本的信念。事件造成的壓力愈大，改變的可能性就愈高。

在我之前提到的乳癌研究中，年輕的受試者較有可能獲得更多的創傷後成長。研究人員推論，這是因為年輕女性確診乳癌的情況較少見，而且通常比較凶險，所以更令人苦惱。年輕女性可能還沒結婚，也還沒生子。她或許比較擔心自己接受乳房手術或化療之後，是否還有機會結婚生子。她或許有年幼的孩子，因而擔心孩子會失去母親。或許害怕自己死得太早，沒有機會體驗正常壽命中的大半人生。這並不代表年長乳癌患者承受的壓力不大，只是年輕的女性會覺得更加痛苦，也因此認為自己獲得更多成長。

此外也有證據顯示，積極思考與成長之間存在著關聯性，尤其是書寫和口述創傷（就像漢娜「過度情緒化的」日記）。有些受害者的情緒強烈到，除非他們自己主動努力去理解，否則大腦無法處理到底發生了什麼事。把感受化為文字能強迫一個人釐清這些感受。跟有過類似經驗的人交談（社會支持）是另一個提高成長可能性的因素，就像鄧布蘭小學槍擊案的死者父親為華特帶來幫助。

雖然你能夠控制自己的社交互動，選擇要不要談論自己的遭遇，但是你無法控制自己的性別、過往經驗與個性，這些因素也會影響創傷後成長的可能性。女性創傷後成長的比例高於男性，或許是因為她們比較願意討論自己的感受。如果你的人生大致上沒有經歷過什麼暴力與悲傷，這也有幫助：你較有可能把突然發生的災難視為一種反常現象，而不是世界的常態。

這個領域還有很多尚未找到解答的問題：長期而言，正面成長會隨著創傷記憶褪色而消散嗎？災後二十四小時內所發生的事，對促進成長有多大影響？研究創傷後成長很重要，因為唯有了解推動與抑制成長的因素，我們才能改善對待受害者的方式。包括事件剛發生時的警方和媒體，中期而言的律師、法院工作人員、心理學家與諮商師，以及長期而言的學校、教會和家庭。

漢娜很幸運，因為在麥特過世一天之內她就遇到了解「創傷後成長」的人。這位優秀的嚮導帶領她走向正面轉變，而不是崩潰。

❖ ❖ ❖

這位嚮導就是漢娜去停屍間認屍的時候遇見的那位女士，後來她也是漢娜的諮商師。她叫劉溫蒂（Wendy Liu）。我跟溫蒂才剛碰面幾分鐘，就能明白為什麼漢娜覺得溫蒂令人心安。她年約四十，個頭嬌小，深色短髮，五官很親切。她說起話來很輕柔、很有力量，像受過專業訓練的演員。漢娜說得沒錯，她的陪伴會讓你覺得有她就搞定了，你可以放輕鬆就好。她散發一種幹練的莊重感，如果有一天我必須去停屍間認屍，我希望陪伴我的是溫蒂（老天保佑，我不想驗證這個想法）。

我跟她約了某天早上在她的辦公室碰面，就在停屍間的樓上。[13] 溫蒂的正式職稱是鑑識諮商師（Forensic Counsellor），隸屬於新南威爾斯鑑識醫學部。這個單位每年處理四千具遺體，從殘暴的兇殺到醫院裡的意外死亡。除了溫蒂之外，這裡還有四位鑑識諮商師（包括幫助過茱麗葉．達伶的珍．莫爾）。這意味著溫蒂每年要應付幾百位悲傷的家屬，她看過各種狀態的遺體：腐爛的、傷痕累累的、被癌症蹂躪過的、被動物啃食過的，甚至還有完好無缺、沒有傷害或疾病跡象的遺體。年輕與年老的，富有與貧窮的，被愛環繞的與無人聞問的。這確實對她造成衝擊。

「我知道自己可能以各式各樣的方法死去，」她說，「我知道我自己和我愛的人可能會死得很快，也可能死得很慢；可能會死得很慘，也可能死得不慘。所以我努力感受此刻，活在當下。」

溫蒂形容自己扮演的角色是家屬與鑑識調查之間的「介面」，她每一天都在幫助家屬了解他們的親友到底發生了什麼事。她必須跟他們討論驗屍的必要性，或是向他們說明初步調查的結果。她經常需要解釋死因裁判庭的運作方式，以及為什麼必須進行審訊。她經常陪伴傷心欲絕的家屬認屍。

在做這份工作之前，她當過安寧療護的社工。「這份工作有什麼吸引你的地方嗎？還是你因緣際會轉換跑道？」

「原本我覺得是因緣際會，後來發現不是。」她說，「我是社工系的學生，四年級的時候參加了實習面談。面談結束後，團隊經理給我兩個選擇：醫療復健或安寧療護？」

溫蒂不知道安寧療護是什麼，面談的老師告訴她，安寧療護是幫助無法治療的病患走完最後一程，這個想法引起溫蒂的共鳴。

「我父親在我很小的時候就過世了，我們家對這件事的態度是避而不談。他死於癌症，當時我才七歲，他走得很快。他過世後，我們就不再討論跟他有關的事。」溫蒂說，「我一直認為正因如此，我才想跟別人進行與瀕死和死亡有關的對話。如果對方願意的話，我想把討論生死變成一件可以做的事。」

溫蒂第一次參與驗屍的感覺不是厭惡或恐懼，而是驚訝與欣賞。

「人體是一具厲害的機器。我記得當時心中的想法是：人體很美麗、很豐富，

---

13 私人訪談。二〇一六年六月，劉溫蒂於雪梨接受作者訪談。

色彩鮮艷，猶如美麗的夕陽，我認為欣賞人體的奇蹟也是生命的一部分。我沒有宗教信仰，但是人體的構造與死亡，在本質上給人一種不可思議的感覺。」她說。

溫蒂從事與死亡相關的工作至今已超過十五年，她每天都在處理跟命運、有限的生命和機率有關的問題。對多數人來說，這些問題都非常尖銳。她直視最邪惡、最沒有道理的生命轉折。但是，她也看見人性的堅強。

「我在這份工作裡天天都看見愛，有時候也會看見憤怒與怨恨。但看到最多的還是愛，愛以各種形式呈現，包括失去，這是最令人心痛的一種形式。愛把家人、情人和朋友凝聚在一起，愛不會隨著死亡而消失，愛是有生命而真實的存在。我每天都看見生命赤裸的真實面貌，剝除外在，回歸到我們所愛的人事物上，讓我們的生命既充滿魅力、令人心碎又不可思議。」她說。

溫蒂之所以能應付工作上那些痛苦和嚇人的事情，是因為她知道自己的工作很有幫助，也很有意義。她知道對死者來說，無論他們離世的方式有多可怕或多殘忍，他們的痛苦都已結束，這讓她感到欣慰。

「我知道任何一種死法都是一種結束，我可以把死亡事件（無論多可怕）跟死者結束痛苦這兩件事分開來想。」她說。

不過，對死者親友來說，痛苦並未結束，這正是溫蒂想要有所作為的地方。她跟葛蘭・諾利斯警探一樣，認為自己的責任是幫助別人適應已改變的現況。早在家屬推開停屍間的大門之前，協助的程序就已展開。溫蒂在與家屬碰面之前會先看過遺體，所以她能把遺體的狀態鉅細靡遺地告訴家屬。認屍前先聽人口頭描述一次，認屍就變得沒有想像中那麼可怕，也可降低看見遺體時的震撼。

「就算看見恐怖的傷口，家屬也會說：『喔，比我想像中好一些』，我想那是因為我們的想像力並未受到現實的限制，所以大腦會創造出無窮盡的可能性，而且通常比現實更嚇人。」溫蒂說。

溫蒂說的每一句話都深深吸引我。認屍雖然可怕，但平常不會有人告訴你這些事。多數人在不得不走進停屍間認屍之前，都對認屍的情況一無所知。正因為不了解，所以會覺得這件事特別可怕。

溫蒂繼續為我說明，包括每一具遺體的擺放方式都一樣，躺在床單上，身上蓋一塊綠色毯子。如果死者原本的衣服還能穿，他們會幫遺體穿上原本的衣服，但多數遺體都是穿著短袖圓領的白色病人袍。

「我會先描述認屍室的情況，」溫蒂說，「我會指著門告訴他們，把門打開後，他們會看到一道低矮的木柵欄，遺體在柵欄後面，躺在床單上蓋著毯子。我會告訴他們遺體的狀態，一一說明特徵：頭髮跟皮膚的顏色，眼睛跟嘴巴的情況，有沒有刺青或胎記，任何個人特徵我都會說出來。我會告訴他們遺體摸起來很冰冷，因為他們可能沒料想到這一點。這些描述能讓家屬感到踏實，為認屍做好心理準備。用關懷的方式事先告知家屬接下來會發生什麼事，能幫助他們維持心理穩定。」

「我們盡最大的努力把遺體的臉擦乾淨，」她說，「如果有明顯的、甚至重大的傷口，讓家屬看見會比較好，所謂的重大指的是足以致死的傷口。否則的話，有些家屬會覺得：他看起來不像受過傷啊，只是睡著了！」

如果傷口特別嚇人，停屍間的工作人員會盡可能遮蓋傷口。他們會盡量把遺體的雙手露出來，因為有很多家屬想要握著死者的手道別。

來停屍間認屍的家屬會被帶到與認屍室相連的私人會客室，除了走進認屍室之前的口頭說明之外，溫蒂沒有其他特別的安排。

「我認為我的工作最重要的是態度和善，並且對提供的內容瞭若指掌。」她說，「我根據對方的反應來回應，你必須根據現場的情況隨機應變。」

溫蒂說，要幫助家屬接受親友死亡的事實，尤其是慘死或冤死。有個方法很有用，那就是把焦點轉移到死者生前活得很圓滿，不要讓他們執著於死者臨終前的時刻。

「很多人會來諮商創傷造成的痛苦，」溫蒂說，「他們想知道死者遭遇了哪些事，死亡過程的細節，哪些人在現場，哪些人不在現場，死者受了哪些傷。所以為客戶提供諮商時，如果他們執著於死者臨終前的細節，你最好把他們的注意力轉移到死者生前是怎樣的人，而不是生命的結束。死亡不是人生的全貌。」

「他們願意告訴你嗎？」

「願意。我協助認屍的家屬都很樂意拿出手機，打開一張又一張的照片說：『你看這張，還有這張』，因為認屍室裡的遺體是他們愛過的人，卻又不完全是原本的那個人。」

這也意味著有些家屬可以讓認屍過程充滿歡笑，溫蒂的說法是「帶著辛酸的歡樂時刻」，因為他們本來就很愛開玩笑。溫蒂會仔細觀察蛛絲馬跡，如果有人需要鼓勵才能變得更加自在，她會試著協助。

「我記得有一次死者是個小男孩，祖父想要在他手裡放一個玩具，但是有點緊張，祖母也很緊張。當時他們還沒觸摸孫子的遺體。」

「我問他們：『我來放，好嗎？』於是我把第一個玩具放在他手裡，接下來他們想要多放幾個。祖父深吸一口氣，走向遺體，拿起孩子的手，打開手掌，然後把他最喜歡的玩具放進他手裡。結果，玩具掉了。我們兩個一起看著男孩，我輕聲說：『我們只要求你做好一**件事**而已。』」

他的家人忍俊不住哈哈大笑，事後祖母跟溫蒂聯絡，感謝她在認屍過程中的協助。

「她記得在認屍室裡的那段時間，她終於有機會想起孫子生前跟家人相處的情況，他是個有趣、開朗又有點傻氣的孩子。」

溫蒂與同事們處理工作的過程中，幽默感扮演重要角色，與死亡有關的職業經常需要黑色幽默來紓解壓力。

「我們都選了自己想要躺的遺體推車，」溫蒂笑著說，「我們每個人都有一個推車編號，這是我們紓解的方式之一。」

說完這件事之後，我突然咳嗽得停不下來。「抱歉，」我用粗啞的聲音說，「我喉嚨只要一癢，就會咳到像快斷氣。」

「那你可真是來對地方了。」溫蒂立刻接話，像死人一樣面無表情（沒錯，我用

「像死人一樣」是故意的，抱歉）。我笑到不行，因為這實在是天外飛來一筆，我沒料到自己在這個地方也能開懷大笑，這樣的情境，一場討論人類以各種古怪方式突然死去的對話，反而更加突顯笑點。

「我還沒選好遺體推車！」我邊咳邊說。

溫蒂是我遇過的人之中，對於平凡的一天發生驟變，有最多第一手觀察經驗的人。也因此我有一大串的問題想要問她，也想知道她對每一件事的看法。

宇宙有多常發出「徵兆」，預告今天將是改變人生的一天？

溫蒂的答案是：幾乎不會。包括自殺造成的死亡，很多時候我們以為家人肯定會看到一些徵兆，所以已有心理準備。

「雪梨都會區與周邊地區的自殺遺體都會送來這裡，就算是有心理疾病病史或是曾有自殺念頭的死者，幾乎每個家屬都還是會震驚。」溫蒂說。

「面對造成創傷的死亡事件，人們會做出哪些可預期的反應？」

「我不敢大膽猜測別人的反應。我碰過兇殺案的死者家屬，也碰過雖然是自然死亡，但死得出乎意料的死者家屬，大家的悲傷反應都同樣深刻。人際關係的本質、身後留下的親友、做了或說了什麼、沒說或沒做什麼，影響的因素很多。」

「有哪些因素會讓一個人更有能力或更沒能力去面對造成創傷的死亡事件？」

「有些因素能發揮保護作用，例如性格樂觀堅強、家人關係緊密，或是較大的社交圈。如果是與死者深入交往、感情很深的伴侶，這條路會很艱辛，但我想這個因素也有幫助。如果你的外在生活不僅止於跟死者之間的互動，這也有幫助，你可以在其他方面找到意義。」

但溫蒂也承認，有時候就算各項因素齊備，還是會陷入長期掙扎。舉例來說，死因可能會深深影響死者家屬的調適能力。大家都知道自殺特別令人難以接受，因為兇手就是死者自己。喪親的悲痛與究責的憤怒，糾纏成難解的結。

「可以把死因怪罪在某個人或某件事頭上，是不是比較好？」

「我也不知道，因為憤怒的情緒裡，總是夾雜著悲傷與恐懼。儘管憤怒取代其他情緒，但那個人還是死了，喪親之痛不會因此消失，痛苦與寂寞也不會。」溫蒂說。

「那麼，創傷後成長呢？真的有這種事嗎？還是一種安慰自己壞事也有正面意義的方式？」

「真的有，我看過。我碰過遭遇非常可怕經歷的人，但他們有辦法把這段經歷納入更充實的、在心理與心靈上都轉變的人生裡。有些人投入法規改革，或是創立基金會。雖然悲傷有很多樣貌，但也可以充滿意義。透過諮商，漢娜終於能夠承認自己的遭遇雖然很可怕，但我們可以一起釐清到底發生了什麼事。為了做到這件事，她必須敞開心胸、拿出勇氣。她積極參與這個過程，面對自己和面對我都很誠實，這樣的態度不僅很好，也很必要。畢竟，諮商是一種懷抱希望的行動，希望情況能變得更好。若想實現這個希望，就必須做出改變。」

溫蒂在第一線的經驗也符合臨床研究的結果：推動創傷後成長的事件必然相當嚴重。

「一定要非常嚴重才行，」她說，「無論是怎樣的事件，怎樣的創痛，都必須嚴重到一定的程度才能改變你。」

我問溫蒂，為什麼我們每天都花那麼多精神避免生病、受傷和死亡，卻又對天災人禍或死裡逃生的新聞那麼感興趣？

「我想我們的社會對所謂的『英雄』還是很感興趣的，似乎需要英雄來幫助我們面對瀕死與死亡。我們創造克服困難、死裡逃生的精采故事，也深受這樣的故事吸引。或是就算沒有死裡逃生，過程也要充滿英雄色彩。我想這是因為我們對未知感到恐懼，不知道死掉是什麼感覺，所以在電視上和報紙上看到天災人禍的新聞，能讓我們在非切身的情境中面對死亡。因為不常討論那些真正重要的，那些關於人生、失去和恐懼的事，所以我們用一種病態的迷戀對待死亡，例如把它當成某種可怕的陰暗祕密，或是偉大的英雄事蹟。」

溫蒂也認為，正因為我們平常很少討論死亡與痛苦，所以當知名人士突然過世，或是某個事件戲劇化到登上電視新聞（例如麥特・瑞契爾的衝浪意外），反而是一個契機。

「戴安娜王妃過世的時後，我剛好在倫敦。」她說，「我目睹這件事在英國造成的影響，非常不可思議。並非人人都是皇室支持者，但幾乎每一個人都被捲入情緒漩渦裡。除非發生這樣的重大事件，否則平常沒什麼機會討論對死亡的恐懼。當然，我們討論的是新聞裡的死者、他們死得有多慘等等，但這也是在回應我們經歷過的失去以及對死亡的感受與恐懼，不光是在討論誰死了而已。」

我無法想像自己做溫蒂的工作，就算只做一小時也不行。光是想到每天都要跟屍體打交道，而且一整天都要面對死者家屬，我就覺得非常恐怖。他們所經歷的，是想像中可能發生在我自己和親友身上最糟糕的事。溫蒂平常就能接觸到的可怕事件，遠遠超過我最深的恐懼。我懷疑她在描述案例細節時有所保留，因為她知道我這種「普通人」承受不了。溫蒂真的很了不起，因為她不但能夠撐起這份工作，還能從中獲得正能量。這個嬌小、恬靜的女子竟是如此堅強。

「我認為全心全意陪伴家屬，這麼做似乎能舒緩我自己感受到的衝擊，因為在陪伴他們的時候盡了最大努力，不用在事後一直懷疑自己是否做得不夠。這份工作很棒，因為它不斷強化對我來說很重要的事情。」她說。

對溫蒂來說很重要的事情就是好好生活，工作上與家庭上都是如此，而且在她的生活中，仁慈與分享是核心。

「跟其他人的情感連結，對我而言是最最重要的。我能否善待自己與他人，能否用讓自己抬頭挺胸的方式待人處事，這才是最重要的。」她說。「我從工作中學到，只要願意用心，我就能好好生活，這是超棒的啟示。」

最近，溫蒂對於人生意義的看法，以及對死亡的感受面臨嚴重考驗。

「去年我得了乳癌，」她告訴我，「我當然檢討了一下自己的人生，但我發現其實什麼都不用改。重要的事情都安排妥當，我覺得自己過著很棒的生活，該有的都有了。」

別誤會，溫蒂口中的「很棒的生活」絕對不是住在無敵海景的時髦大廈裡，只在最高級的餐廳吃飯，或是擁有超模的美貌。溫蒂指的是她在癌症治療後恢復了健康，而且心理健全，擁有充滿愛的人際關係和意義非凡的工作。

「值得慶幸的是，經常接觸死亡堅定了我的信念，也使我更加清楚我想要的美好生活是什麼樣子。」她說。

就像跟漢娜聊天的感覺一樣，跟溫蒂聊了既可怕又痛苦的話題，但聊天的氣氛卻充滿光明。溫蒂的智慧以及她對重要事件的掌握，都很令人佩服。跟她相處是一個既難忘又發人深省的經驗。訪談即將結束，她完美地總結這份獨特的工作所帶來的、最關鍵的啟示。

「我們必須意識到生命有限，沒有人能長生不老，」她說，「現在擁有的一切都會結束，所以要活得有意義。」

第七章

平凡歲月

二〇一四年，在小兒子有驚無險地出生後，生命並未從此放我一馬。出生六週後，他罹患病毒性腦膜炎，我們再度回到醫院。兩個月後，生命驟變再次降臨。這次不是小兒子，而是兩歲的大兒子。托兒所的老師發現他的雙手會微微顫抖，接下來幾年我們看了很多醫生，去了很多醫院，也找了很多治療師。我可愛的兒子必須面對各種醫療上的挑戰，但那是屬於他的故事，留待未來讓他自己決定要不要公諸於世。弟弟現在是個不受管束的四歲小霸王，完全看不出他用那麼凶險的方式誕生。他的發育「無神經異常」（neurotypically），醫學界用這個詞來描述我以前會稱之為「正常」的孩子。

然後，除了這些狀況之外，當以為情況糟到不能再糟的時候，我維持了將近二十年的婚姻破滅了。這感覺就像我犯了什麼滔天大錯，讓宇宙決定全方位跟我作對。我跟很多人一樣，也認為自己明明不是壞人，為什麼這些事會發生在我身上？我一直做好迎接更多壞消息的心理準備，害怕失去工作或罹患癌症，或是我爸或我媽會突然死掉。我好像突然被公車撞到，搖搖晃晃地站起來之後，又被另一輛公車撞到，然後又來了第三輛。

開始構思這本書的時候，我對自己的遭遇充滿恐懼，我的人生在這麼短的時間內被徹底顛覆。每晚主持的電視節目所報導的內容，也使我心生恐懼。這世界是如此變幻無常，如此殘酷。但我最擔心的還是接下來會碰到什麼事，萬一又出了別的差錯怎麼辦？例如比現在更糟糕的事？只要到兒童醫院走一遭，或是打開報紙，你就會知道更糟的情況永遠存在。

最近在朋友身上，甚至在陌生人身上，都發現他們收看和閱讀新聞的意願降低了。我們進入二十一世紀已將近二十年，現在的世界顯得如此不穩定、如此危險，不如關掉新聞，看看好笑的或是讓人開心的東西，好過一直焦慮不安。我完全理解那種想要轉移視線的衝動，所以動筆寫這本書的時候，連我自己都覺得奇怪。我居然選擇背道而馳，直面痛苦與折磨，尤其是我自己也嚐過痛苦與折磨的滋味。在我更加了解大腦如何運作之後，回想起來，那或許是一種控制的渴望。如果我能搞懂那些令我心煩意亂的事，說不定就能控制洶湧的恐懼。

儘管如此，一開始我也曾懷疑自己是否做錯了決定。跟書中的這些人物碰面，聆聽他們這輩子最沉重的打擊，會不會讓我自己崩潰？我以為這些悲慘的故事會沉重到把我壓垮，我可能會在被窩裡躲一輩子。

結果恰恰相反。他們使我充滿希望，人類的承受力著實驚人。這本書訪談的人物令我既驚訝又深受啟發。

像詹姆斯·史考特跟史都華·戴維這樣的人，我們經常稱之為「倖存者」。我不認為這是最適當的詞。「倖存」有一種克服艱難的意味，好像這段經驗已經結束。但是在人生驟變發生之後，你必須克服的不只是事件本身，也包括事發後的時時刻刻：走進超市，看見從此不再需要添購的日用品。安慰一臉恐懼、不知道該對你說什麼的朋友，因為**你就是**他們想像中最悲慘的遭遇。每天早上醒來，都會想起自己再也聽不到女兒在走廊上奔跑的腳步聲，或是感受到她們在你床上擠來擠去時的體溫。失去親人之後還能好好活著，不叫「倖存」，而是忍受。活著就是忍受。

許多年前，美國歌手佩蒂・史密斯（Patti Smith）的丈夫突然死去。[1] 二〇一六年，她在《紐約客》（*The New Yorker*）雜誌上提及父親在事後不久告訴她，時間不一定能療傷，但時間能賦予你忍受傷痛的工具。「我在最大和最小的事情上，都驗證了他說的話。」她寫道。我跟她有相同感受，我現在也會用其中幾種工具。我相信「活在當下」的力量，也不再認為這句話是毫無價值的陳腔濫調。我明白海天連成一線的風景，晚宴之初開香檳的聲響，在不適當的時刻強行忍住失控的笑聲，都是生命中最大的喜悅。這些都是你銘記於心的時刻，也是遭逢逆境時，你心中渴望的時刻。

我生完老二住院的時候，有個朋友送我一個美麗又閃亮的紅色盒子。盒子裡是用紙跟緞帶精心包裝的高級嬰兒服飾與用品。我請人把盒子蓋回去，放在窗台上的顯眼位置。病房既單調又枯燥，無法撫慰人心。我經常一個人待在病房裡，一邊擔心寶寶有沒有腦部損傷，一邊懷疑自己能否照顧好一個有障礙的孩子。但是，只要

---

1 Smith, P., 'How Does it Fell', *The New Yorker*, 14 December 2016. https://www.newyorker.com/culture/cultural-comment/patti-smith-on-singing-at-bob-dylans-nobel-prize-ceremony（二〇一八年二月三日存取）

看見那個紅色的盒子，我就會想起世上仍有美好的事，這對我意義重大。即使是在人生最悲慘的時刻，有時候一個小小的、美麗的事物（一顆平滑的石子，一塊精緻的巧克力），就能散發希望的微光。

在寫這本書的過程中，我發現以前過度執著於宗教的真實性。我不相信上帝存在，所以下意識地批判那些相信上帝存在的人。在認識路意莎、麥克與詹姆斯之後，我才知道自己過去的執著毫無意義。只要能為人類帶來希望，宗教是不是「真實的」一點也不重要，就像我病房裡那個閃亮的紅色盒子。在悲痛與失去的時刻，宗教是極為有用的工具，因為它不但能為無法解釋的事情提供答案，也能提供群體的支持。宗教建構了充滿意義的信仰框架來撫慰幾十億人類，而且不是只有一個宗教，很多宗教都做到了這一點。仔細想想，真的很了不起。對我來說，沒有宗教信仰也能鼓起勇氣面對嚴峻生命驟變的人，同樣令人動容。

我出院之後的人生不算順遂，但是除了擔憂與壓力，還是有喜悅與幸福的時刻，主要是來自其他人的仁慈。如果在二〇一四年發生那些事之前，你問我最喜歡哪幾個朋友，答案肯定是既風趣又有魅力的那些人：邀請你去吃晚餐，把你逗得捧腹大笑，給你滿滿的好心情。即使隔天早上醒來因為睡得太少、喝太多紅酒而頭昏腦脹，你還是覺得很開心。我現在依然喜歡這樣的朋友，但我也知道最有價值的朋友是仁慈的朋友。他們或許不是一起用餐時最愛出風頭的人，也不是婚禮上最令人難忘的致詞人。但我發誓，在人生最難熬的時刻，你會想要他們的陪伴。他們知道該說哪些話、做哪些事，因為他們富有同理心。我漸漸相信在良善的人格特質中，最珍貴的是仁慈。

我的二兒子過兩歲與三歲生日的時候，大兒子都在住院。兩歲生日那次，我的朋友阿萍（Ping）要我別擔心，她帶了一個大大的生日蛋糕過來，造型是一座建築工地，糖霜道路上還有卡車跟推土機。三歲生日那次，一群朋友早上八點就到我家舉行生日派對。梅蘭妮（Melanie）做了一個美味的巧克力蛋糕，上面用彩色糖豆寫了一個數字「三」，安卓雅（Andrea）帶來分送給大家的糖果包。除了時間很早之外，一切看起來就像一場普通的生日派對。派對在早上九點左右結束，這樣我才來得及趕回醫院，而凱西把我的二兒子帶去她家玩一天。

喬治（George）和德瑞克（Derek）帶咖哩來放進我家冰箱，安娜貝爾（Annabel）幫我帶孩子出去玩一整天，好讓我能鬆口氣，但其實她自己也有三個孩子要照顧。班（Ben）送來一大袋關懷包，裡面有自製麵包、甜點、垃圾雜誌跟水果。米亞（Mia）

和卡洛琳（Caroline）做了一週份量的晚餐，上面寫了令我哈哈大笑的說明，「川普的『抓牠下面』（Grab'em By the Pussy）雞肉佐蔬菜」確實很好吃。《7.30》的同事送了一大盒樂高來我家。席琳娜（Selina）跟茱莉安娜（Juliana）做了大量番茄肉醬，足以餵飽《黑道家族》（*The Sopranos*）的全體演員。潘（Pam）為每一隻玩具兔縫製醫院服飾，還幫它們買了小小公事包送到醫院來。雪倫（Sharon）隨時提供實質上的支援，沒有第二句話，讓我不至於精神崩潰。我請朋友傳一些「早日康復」的影片過來，除了讓住院的大兒子打發時間，也可以幫他打打氣。一小時之內就收到十幾支影片，一天之內就收到四、五十幾支，甚至包括最近沒機會聊天的朋友。娜汀（Nadine）用Snapchat的特效讓她的貓唱歌，這支影片我們看了很多次，它讓這個可憐的男孩開懷大笑。被諸如此類的仁慈包圍時，你很難陷入自怨自艾，或是覺得生命不公平。

當你明白在生命的變幻無常面前，每個人都一樣脆弱，就會放下生命的公平與否的煩惱。災禍的隨機分布，或許是生命中唯一**真正**公平的事。再多的金錢、名聲、權勢和美貌，都無法把災禍、疾病跟死亡擋在你家門外。我有成堆的例子可以證明生命不公平：好的父母、和平的國家、聰明的大腦、健康的身體與關心自己的朋友。

這些都不是靠努力就能獲得的。

若你能看清自己擁有的很多東西都是靠運氣，發揮同理心就會變得很簡單。就像麥克．史賓斯的兒子搭手扶梯的時候，會去思考跟他反方向的乘客是否正在默默承受悲傷。體會來自於親身經驗，你不一定能體會史都華．戴維、華特．米卡奇等其他人的感受。同理心來自想像，所以只要想像自己與對方的境況隨時有可能對調，忽然之間，想出該做什麼、該怎麼做變得沒那麼難。其實就是想像自己陷入對方的處境時，想得到怎樣的對待。

這本書裡分享了許多人生智慧，其中我最難忘的是史蒂夫．辛恩神父說的陪伴。你可能覺得跟悲痛欲絕和飽受折磨的人在一起非常難捱，陪伴面對巨大痛苦或喪親的人讓人坐立難安。不用懷疑，這肯定很難。你可能不想做這件事，怕自己說錯話，反而使情況變得更糟。但其實不願陪伴才是最糟的情況。史蒂夫神父說，你不是主角，你認為自己表現得不適當或太莊嚴，其實一點都不重要。我曾經因為害怕挺身相助而卻步不前，現在我明白我的感受不是重點，我知道重要的是陪伴。

寫這本書的期間，我的一位好友確診罹癌，而且是晚期。我聽見史蒂夫神父的聲音說：「你必須陪伴。」我知道無論情況變得多糟糕，我都必須這麼做。我很害怕，擔心自己即將看見的景象，我擔心眼睜睜看著馬克（Mark）受苦。但是我們曾一起坐在酒館裡開懷大笑，曾經坐在他的副駕駛座上讓他送我回家，到我家的時候他把車停下，沒關掉引擎，但我不下車繼續跟他聊個沒完，因為就是有這麼多話可以聊。他帶著檸檬塔跟紅酒出席的晚餐聚會，我都沒有缺席。他送過我兒子生日禮物。我在醫院照顧兒子的時候，他曾在深夜傳來鼓勵的簡訊。我們共享了許多時刻，而他也一直陪伴著我，所以在他陷入逆境的時候，我不能缺席。

這並不容易。我去醫院看他之前，一定會先傳簡訊通知他，但偶爾難免會在尷尬的時刻走進病房。有一次護士正要清空裝馬克肺液的引流袋，她請我把各種器具遞給她。碰到這種時候，我的本能反應都是轉開視線或直接離開。我真的很想離開，但是我沒走，因為馬克走不了。如果他哭，我也哭。如果他想大聲唸詩，我就聽他唸詩（儘管我不是愛詩的人）。我問他要不要幫他帶點什麼東西時，他會說一杯咖啡或一杯湯，但是他最常說的是：「人來就好。」有時候我很笨拙，會說錯話或做錯事。我去醫院去得不夠頻繁，肯定做得還是不夠多，但有件事我很確定：我經常陪伴他，無論是親自陪伴還是透過電話。陪伴，就夠了。

❖ ❖ ❖

每個世代大概都覺得自己活在一個充滿不確定與存在危機的時代，這世界或許還是跟以前一樣，但是我的感受改變了。我當了多年記者，現在的世界似乎變得更不安全，甚至超越剛發生完九一一事件後的那段時期。現在的新聞比以前更令人心神煩躁：市中心經常發生無差別恐怖攻擊，美國白宮的主人是一個難以捉摸的惡霸，社群媒體放大仇恨與膚淺。我們好像一整天都在面對世界的醜惡，而且天天如此。

也許大量觀看和閱讀時事，本來就會使人感到絕望和恐懼。雖然非常清楚新聞在公諸於世之前都經過精心挑選，但是寫了這本書之後，我更加體悟到震撼的天災人禍新聞，其實都跟事實的全貌相距甚遠。可怕的遭遇不會消滅生命裡所有的美好。[2]

丹尼爾・吉伯特（Daniel Gilbert）在著作《快樂為什麼不幸福》（*Stumbling on*

2 見丹尼爾・吉伯特，《快樂為什麼不幸福》。

Happiness）中用了盲人的例子：「盲人跟明眼人做的事情大同小異，所以他們跟明眼人一樣幸福。無論盲人怎麼過日子，他的生活都不會只有失明這件事。但是明眼人想像失明的時候，總是想像不到失明以外的其他生活面向。」史都華．戴維不只是那個從特瑞坡土石流裡被拉出來的人，華特．米卡奇不只是那個家破人亡的人。茱麗葉．達伶、麥克．史賓斯、詹姆斯．史考特、路意莎．荷普跟漢娜．瑞契爾，都不只是發生在他們身上的悲慘遭遇。他們都不願選擇過現在這樣的人生，但是他們過得很好，比很好還要好。麥克跟茱麗葉都說過，生命不會只有一種樣貌，不會只有快樂或只有悲傷。這些人沒有凍結在時間裡，他們早已不是新聞裡的那個人。生命比新聞報導的故事更加複雜，也更加美麗。

我們在新聞裡經常看到生命中最糟糕的事，但是在那之後可能出現生命中最棒的事。幾年前《7.30》報導了一則新聞，有一名家暴受害女性遭到榔頭攻擊。她的牙齒因此全毀，她說再也不喜歡笑，因為她覺得自己很醜。新聞播出後有一位牙醫聯絡我們，他願意免費為她整牙。整牙的過程曠日費時，完成之後，我們的記者再次去見她。現在她擁有美麗的笑容，她變得非常愛笑。[3]

最近我們還有一則報導，內容是新南威爾斯北部發生嚴重洪水，導致租屋物件短缺。[4]一位無計可施的單親媽媽，正打算帶著五個孩子住進帳篷。節目播出後，有一個著名的澳洲商人打電話給我們，他願意為她支付三分之二的租金一年，幫助她重新站起來。

我們報導過身心障礙的孩子特別不容易找到交往對象，或是沒有父母陪同也很安全的娛樂場所。[5]有位母親自掏腰包辦了一場迪斯可舞會，雖然孩子們玩得很開心，但是這筆錢只夠辦一場。事業有成的澳洲演員班・曼德森（Ben Mendelsohn）當時人在洛杉磯，他剛好在網路上看了《7.30》節目。被這則報導深深感動的他主動聯繫我們，他願意出資舉辦第二場舞會。

仁慈之舉無所不在。很多時候我們之所以能夠捱過想像中最糟糕的情況，正

---

3 Bowden, T., ‘The Kindness of Strangers’, *7.30*, 21 March 2016. https://www.abc.net.au/7.30/the-kindness-of-strangers-sees-domestic-violence/7264936（二〇一八年二月三日存取）

4 McCutcheon, P., ‘Murwillumbah Flood Victims Desperately Waiting for Housing Assistance’, *7.30*, 3 May 2017. https://www.abc.net.au/news/2017-05-03/homeless-murwillumbah-flood-victims-seeking-housing-help/8493510（二〇一八年二月三日存取）

5 Robinson, L., ‘Sometimes People Need a Little Help Finding Romance’, *7.30*, 22 September 2015. https://www.abc.net.au/7.30/sometimes-people-need-a-little-help-finding/6796670（二〇一八年二月三日存取）

是因為這些仁慈之舉。殘酷與仁慈、仇恨與愛、悲傷與喜悅的鮮明對比，不是每一個人都會碰到。有些人的生命裡壞事多於好事，而且並非人人都能得到他人慷慨協助。有些人必須咬牙苦撐，自己重新站起來。但無論是哪種情況，確實有很多悲劇的結局都比你想像的好很多。

當然，並不是所有的人生都以喜劇收場。有些人確實在失去一切之後，從此一蹶不振。有時候，儘管你希望自己站在新的起點上，但其實你已走到終點。要從嚴重的人生驟變中復原並不容易，而且驟變後的人生也不會變得更好，只是變得不同。別誤會，我還是很害怕，依然擔心接下來可能發生不好的事。但是，現在我很確定自己有能力好好活下去，無論有多痛。我訪談過的人物分享的智慧與經驗，使我相信每一個人都比自己想像中的更具韌性。我這幾年的人生就是活生生的證據，我比我自己以前所想的更加堅強，這讓我對未來更加樂觀。那隻「水下蟾蜍」會一直在生活的表層底下蠢蠢欲動，但我已經不再怕牠。下一次牠再用噁心的手捉住我的腳踝，企圖把我拉進水裡時，肯定還是跟以前一樣恐怖。但我相信在其他人的協助下，我應該可以把牠甩掉，然後繼續前進。

我希望深入探究這些故事，可以在你面前展開一卷智慧之書。我希望能從別人的故事裡得到「啟示」，但這樣的希望證明我有多麼不願意跟命運硬碰硬，就像多數人一樣。我希望能告訴你怎麼做才能避免在錯誤的早上走進林德咖啡館，或是不要選擇致命的那一天去衝浪。當然，這件事沒人做得到。要是太常思考這些事情，連家門都出不了。想要好好活著就不得不冒險，而且大部分的時候，我們都是在不知不覺的情況下冒險。

我只能告訴你，生命比新聞告訴你的要豐富、仁慈、安全得多。人類也比新聞告訴你的更加善良。你以為自己絕對挺不過的那些逆境，很可能都難不倒你，你會沒事的。這些人的故事，其實只有一個啟示：對平凡的每一天心懷感恩，好好享受每一個平凡時刻。平凡其實一點也不平凡，真的。回首過去才知道，平凡的每一天都非比尋常。

謝辭

如果沒有最棒的研究者凱西．彼爾（Cathy Beale），我不可能完成這本書。她非常注重細節，有能力找到相關資料與趣聞軼事，並且具備無以倫比的組織力，為我節省了許多時間。感謝凱西願意把每週僅有的一個休息日用來幫助我。

深深感謝好友潘蜜拉．威廉斯（Pamela Williams）當我的初稿首位讀者，以及她深刻的友誼。她是最慷慨也最有愛心的朋友。

此外，還有許多朋友提供我意見和鼓勵，我發自內心感謝他們：茱莉亞．貝爾德（Julia Baird）、安娜貝爾．凱拉伯（Annabel Crabb）、凱倫．丹尼斯（Callum Denness）、修．狄倫（Hugh Dillon）、米亞．費里德曼（Mia Freedman）、班哲明・勞（Benjamin Law）、麗莎・米拉（Lisa Millar）、卡洛琳・歐維林頓（Caroline Overington）、莎琳娜・洛威爾（Sarina Rowell）、莎莉・薩拉（Sally Sara）與凱絲・蘇利文（Cath Sullivan）。

朋友、同事與家人，一直都是幫助我前進的力量，感謝你們每一個人，尤其是爸媽近幾年來的支持。你們是全世界最棒的父母，我每天都為你們的付出心懷感恩。

最後，我希望命運能善待我的兒子丹尼爾和詹姆斯，無論是順境或逆境，希望他們都能記得詩人佛洛斯特（Robert Frost）的人生智慧：生命不斷前進。

大難之後：
留下來的我們如何修復心碎，活出不被悲劇擊垮的人生
Any Ordinary Day

作者　麗・塞爾斯 Leigh Sales
譯者　駱香潔
社長　陳蕙慧
副總編輯　戴偉傑
主編　李佩璇
特約編輯　洪郁萱
行銷企畫　陳雅雯、尹子麟、余一霞
封面設計　Bianco Tsai
排版　宸遠彩藝有限公司
讀書共和國出版集團社長　郭重興
發行人兼出版總監　曾大福
出版　木馬文化事業股份有限公司
發行　遠足文化事業股份有限公司
地址　231 新北市新店區民權路 108-3 號 8 樓
電話　（02）2218-1417
傳真　（02）2218-0727
Email　service@bookrep.com.tw
郵撥帳號　19588272 木馬文化事業股份有限公司
客服專線　0800-221-029
法律顧問　華洋國際專利商標事務所 蘇文生律師
印刷　呈靖印刷股份有限公司
初版一刷　2021 年 07 月
定價　360 元

國家圖書館出版品預行編目

大難之後：留下來的我們如何修復心碎，活出不被悲劇擊垮的人生 / 麗．塞爾斯 (Leigh Sales) 著；駱香潔譯．-- 初版．-- 新北市：木馬文化事業股份有限公司出版：遠足文化事業股份有限公司發行，2021.07
284 面；14.8x21 公分
ISBN 978-986-359-980-7（平裝）

1. 心理創傷　2. 自我實現　3. 報導文學

177.2　110009269